대바늘과 코바늘로 뜨는

손뜨개 75
바다친구들

대바늘과 코바늘로 뜨는

손뜨개 바다 친구들 75

제시카 폴카 지음 | 김수진 옮김

J&P

손뜨개 바다 친구들 75

지은이 | 제시카 폴카
옮긴이 | 김수진
펴낸이 | 한병화
편 집 | 김채은
디자인 | 채승

초판 인쇄 | 2012년 8월 1일
초판 발행 | 2012년 8월 15일

펴낸곳 | 도서출판 J&P
등 록 | 2003년 12월 2일(제 300-2003-214호)
주 소 | 서울시 종로구 평창동 296-2
　　　　 (서울특별시 종로구 평창2길 3, (평창동))
전 화 | 02-396-3040
팩 스 | 02-396-3044
전자우편 | webmaster@yekyong.com
홈페이지 | http://www.yekyong.com
ISBN 978-89-90651-25-9(13590)

75 Shells, Corals & Sea Creatures to knit & crochet
© 2012 Quarto Publishing plc
Korean translation copyright © 2012 Joy & Pleasure Press Co.
All right reserved.

이 책의 한국어판 저작권 및 출판권은 에이전시 원을 통한
저작권자와의 독점 계약으로 도서출판 J&P에 있습니다.
신저작권법에 의해 한국 내에서 보호를 받는 저작물이므로
무단전재와 복제를 금합니다.

몸의 즐거움(Joy), 정신적 즐거움(Pleasure)
모두를 추구하는 도서출판 J&P는 도서출판 예경의 출판 브랜드입니다.

책값은 뒤표지에 있습니다.

차례

머리말	6
이 책에 대하여	6~7
1 시작하기 전에	**8**
재료와 도구	10
코바늘뜨기 기호	12
기본 뜨개법과 약어	14
뜨개실의 종류와 편물 관리법	15
대바늘뜨기, 알아두세요	16
코바늘뜨기, 알아두세요	18
2 완성 작품들 보기	**20**
해변	22
조수 웅덩이	24
얕은 바다	26
문어의 정원	28
산호초	30
산호섬	32
먼 바다	34
깊은 바다	36
3 실전 뜨기	**38**
대바늘뜨기 디자인	40
코바늘뜨기 디자인	76
4 응용하기	**110**
작품 01 ǀ 산호 쿠션	112
작품 02 ǀ 심해 수족관	114
작품 03 ǀ 물고기 목걸이	116
작품 04 ǀ 해초 스카프	118
작품 05 ǀ 조가비 장식 밀짚모자	120
작품 06 ǀ 산호섬 모빌	122
작품 07 ǀ 바다석류 코사지	124
찾아보기	**126**
지은이/옮긴이 소개	**128**

머리말 손뜨개의 재미에 빠져볼까요?

대바늘뜨기나 코바늘뜨기라고 하면 모자나 장갑, 목도리를 떠올리는 것이 일반적입니다. 하지만 그밖에 다양한 입체 작품들도 부드럽고 말랑말랑한 손뜨개 버전으로 얼마든지 만들 수 있습니다. 이 책에서는 손뜨개로 만들 수 있는 입체 작품의 한 예로 바다 생물 뜨기를 소개하고자 해요. 이렇듯 간단히 뜰 수 있는 작품을 만들면서, 손뜨개의 재미를 느끼는 동시에 손뜨개로 입체 작품도 만들 수 있음을 확인하는 기회가 되었으면 합니다.

이 책에는 여러 수준에 맞는 다양한 뜨기 방법이 소개되어 있지만, 대부분의 경우 대바늘뜨기와 코바늘뜨기의 기본 테크닉만 익히면 도전할 수 있는 디자인들입니다. 또한 여러분들이 다양한 스티치와 뜨기를 연습할 수 있도록 '견본'이 될 수 있는 패턴으로 디자인했습니다. 따라서 이 책에 소개된 내용을 바탕으로 여러분만의 고유한 패턴을 만들어내고, 나아가 자유로운 형태의 작품을 창조하는 데 영감을 얻을 수 있기를 바랍니다.

자, 이제부터 손뜨개의 재미에 푹 빠져보세요!

제시카 폴카

이 책에 대하여

이 책에는 조개·물고기·산호 등 70여 가지 형형색색의 바다 생물을 손뜨개로 만드는 방법이 소개되어 있습니다.

제1장: 시작하기 전에 (8~19쪽)
처음에는 뜨개실과 대바늘, 코바늘, 기호, 약어와 용어 등 대바늘뜨기와 코바늘뜨기에 대한 기본 내용부터 설명합니다. 그리고 본문에 나오는 기본코 만들기, 즉 실제로 뜨개질을 시작하는 데 필요한 방법들도 대부분 설명하고요.

제2장: 완성 작품들 보기 (20~37쪽)
아름답게 디자인한 견본을 소개합니다. 페이지를 넘기면서 알록달록한 완성작들 가운데서 여러분 마음에 드는 디자인을 고르세요. 그런 다음 각 디자인 별로 '실전 뜨기' 부분에 나와 있는 설명을 보고 뜨개질을 시작하세요.

사진에 나와 있는 디자인은 양쪽 페이지에 걸쳐 함께 소개된 다른 디자인들과 상대적 크기를 비교할 수 있도록 비율을 맞췄어요.

각 디자인에 번호를 달아서, '실전 뜨기' 부분에 나와 있는 디자인을 번호로 쉽게 찾을 수 있도록 했어요. (38~109쪽)

제3장: 실전 뜨기 (38~109쪽)

'완성 작품들 보기'에 소개된 디자인들을 대바늘뜨기와 코바늘뜨기로 분류해서 각각 만드는 방법을 소개했습니다. 코바늘뜨기 전체와 대바늘뜨기 일부에는 설명과 함께 도안도 덧붙였기 때문에, 필요에 따라 각각 따로 이용하거나 아니면 두 가지 모두 참고할 수 있습니다.

난이도
각 패턴 디자인별로 난이도가 표시되어 있습니다.

	대바늘	코바늘
초급		
중급		
고급		

모든 대바늘뜨기와 코바늘뜨기 디자인은 뜨개질 수준에 따라, 초급·중급·고급 단계로 나뉘어요.

모든 대바늘뜨기와 코바늘뜨기 디자인에 각각 자세한 설명이 실렸습니다.

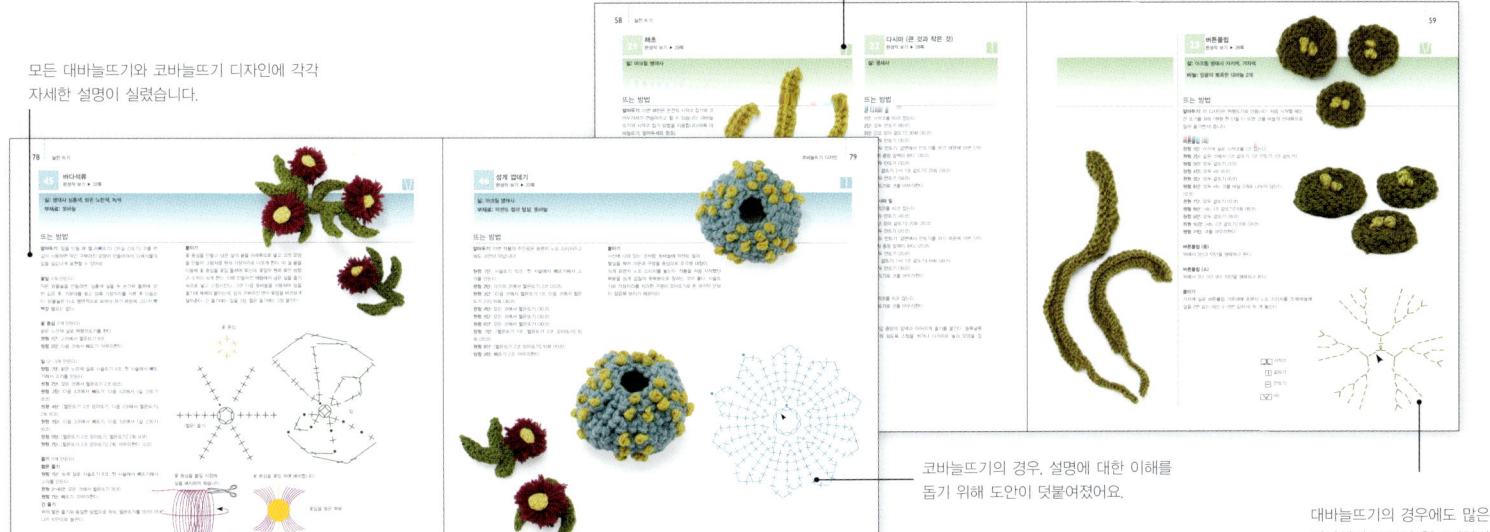

코바늘뜨기의 경우, 설명에 대한 이해를 돕기 위해 도안이 덧붙여졌어요.

대바늘뜨기의 경우에도 많은 디자인에 도안이 첨부되었어요.

편물을 이어붙이는 방법을 설명할 경우, 필요에 따라 그림이 함께 첨부되었습니다.

제4장: 응용하기 (110~125쪽)

'완성 작품들 보기'에 소개된 디자인들은 옷이나 액세서리는 물론 쿠션과 모빌에 이르기까지 다양한 용도로 활용할 수 있습니다. 4장에 소개된 작품들을 보고 여러 가지 방식으로 디자인을 응용할 수 있는 아이디어를 얻기 바랍니다.

작품마다 완성 사진이 첨부되었어요.

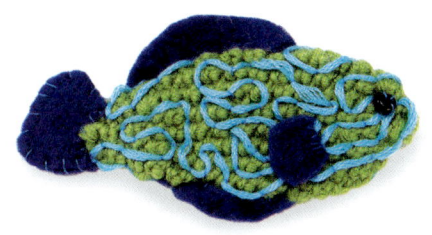

제1장 시작하기 전에

본격적으로 뜨개질을 시작하기 전에 먼저 뜨개실과 대바늘·코바늘·기호·약어를 살펴보기로 해요. 뜨개질 경험이 있는 사람들에게도 솜씨를 기르는 데 도움이 될 거예요.

재료와 도구

이 책에 실린 디자인들을 뜨려면 몇 가지 재료가 필요하고 기본적인 기술을 익혀야 합니다.
실의 종류와 색깔만 바꿔도 결과물의 종류와 크기가 달라지기 때문에
여러 가지 재료와 기술을 시도해보면 아주 값진 경험이 될 것입니다.

뜨개실

뜨개실의 종류는 극태사에서부터 중세사까지 다양합니다. 뜨개실은 제조사나 섬유에 따라 다를 수 있어요. 따라서 이 책에서는 실의 종류만 제시하고 대바늘과 코바늘의 호수는 언급하지 않았어요. 대개 코바늘뜨기를 할 때는 매끄러운 실로 뜨는 것이 좋습니다. 그러나 실의 수축 정도에 따라 뜰 때의 모양과 특징이 달라지고 완성된 편물이 달라지기 때문에, 뜨개질을 할 때에는 풍성한 면사부터 탄력 있는 모사에 이르기까지 다양한 실의 특성을 잘 알아야 해요. 여러 가지로 시도해보세요. 팽팽하게도 떠보고 느슨하게도 떠보고, 일반적인 것보다 호수가 작은 바늘로도 떠보세요.

현재 가지고 있는 뜨개실은 색깔별로 나누어서 투명한 플라스틱 상자에 보관하는 것이 좋습니다. 뜨개실뿐만 아니라 평소 눈여겨보았던 실이 있다면 그것을 사용해도 좋고, 자수용 실을 써보는 것도 좋아요.

대바늘

앞에서도 말했지만 이 책에서는 바늘의 호수를 정하지 않았어요. 아마 여러분은 사용하는 뜨개실에 따라 바늘을 다양하게 사용하고 싶으실 거예요. 두 개씩 짝을 이루는 대바늘은 그 길이가 짧은 것부터 긴 것까지 다양합니다. 대부분 알루미늄 소재인데, 큰 호수일수록 무게를 줄이기 위해 플라스틱으로 만들기도 하지요. 여기에서는 대부분의 디자인을 일반적인 모양의 대바늘로 떴지만, 끈 뜨기를 하려면 양끝이 뾰족한 대바늘 두 개가 필요하고, 원형 뜨기에는 양끝이 뾰족한 대바늘 네 개가 있어야 합니다. 대나무로 만든 바늘은 호수가 다양합니다.

종류와 무게가
다양한 뜨개실

스위스 다닝 스티치

덧수 놓기라고도 하는 이 방법은 뜨개질을 마무리한 후에 메리야스뜨기에서 다른 색의 실로 수를 놓는 것입니다. 대비되는 색의 실을 돗바늘에 꿰어, 수놓을 코의 V자 밑 부분에서 위로 바늘을 빼냅니다. 그 윗단의 뿌리 부분에서 가로로 한 땀을 뜬 후, 처음에 바늘을 빼냈던 위치로 바늘을 가져갑니다. 덧수 놓기를 할 때는 원래 코가 안 보이도록 코를 정확하게 겹치는 것이 예쁩니다. 편물에 수를 놓거나 바느질을 할 때는 실이 갈라지지 않도록 귀가 크고 끝이 무딘 돗바늘을 사용합니다.

끈 뜨기

여러모로 쓸모가 참 많은 원형 끈은 양끝이 뾰족한 대바늘로 뜹니다.

먼저 3코 또는 필요한 만큼의 시작 코를 잡고 한 단을 겉뜨기합니다. *편물을 돌리지 말고 만든 코를 바늘의 반대편으로 밀어주세요. 실을 안쪽 면에서 왼쪽에서 오른쪽으로 잡아당겨서 단을 뜹니다. *이것을 반복하여 원하는 길이만큼 뜨면 됩니다.

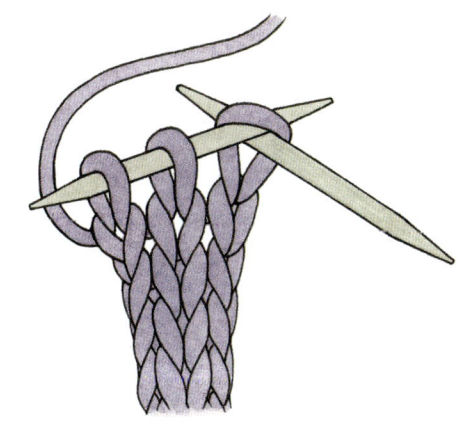

고리 만들기

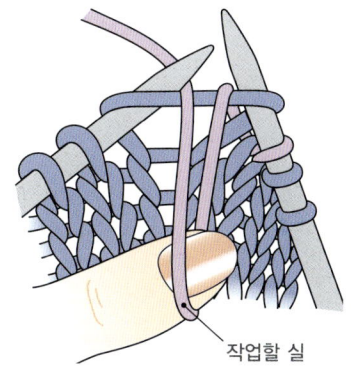

작업할 실

1 오른쪽 바늘을 왼쪽 바늘에 있는 코 안으로 넣습니다. 작업할 실을 두 바늘 사이의 앞쪽으로 빼냅니다. 이 실이 엄지를 감싸게 고리를 만든 다음, 다시 두 바늘 사이를 지나 뒤로 빼둡니다.

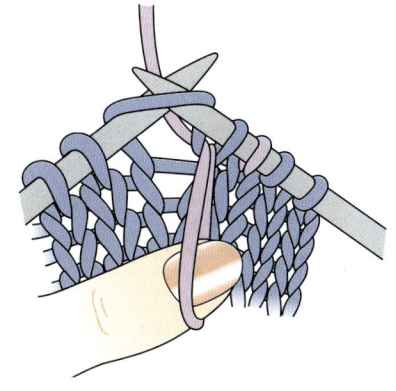

2 엄지로 고리를 잡아당겨 팽팽하게 유지하면서, 왼쪽 바늘에서 잡았던 코의 나머지 부분에 바늘을 넣고 일반적인 방법으로 겉뜨기합니다.

사슬코 만들기

바늘에 매듭을 만듭니다. *한 코를 겉뜨기한 후에, 뜬 코를 오른쪽 바늘에서 왼쪽 바늘로 옮깁니다. *이것을 원하는 길이만큼 반복하면 됩니다. 마무리를 한 마지막 코부터 시작해서 돗바늘을 쓰면 크기가 고른 사슬을 만들 수 있어요. 먼저 실을 꿴 돗바늘을 뒤에서 앞으로 보내 코를 통과시킵니다. 실로 고리를 만든 후, 바늘을 다시 코에 넣어 앞에서 뒤로 보내고, 만든 새 고리에 뒤에서 앞으로 넣어 통과시킵니다. 이런 식으로 계속하여 왼쪽에서 오른쪽으로, 또는 오른쪽에서 왼쪽으로 고리를 만들어갑니다.

단 표시하기

단을 셀 때나 반복되는 횟수를 표시할 때는 다른 색의 실로 표시합니다. 코와 코 사이에 다른 색의 실을 앞에서 뒤로 넣은 후 다시 뒤에서 앞으로 뺍니다. 나중에 필요가 없어지면 실을 잡아 빼면 됩니다.

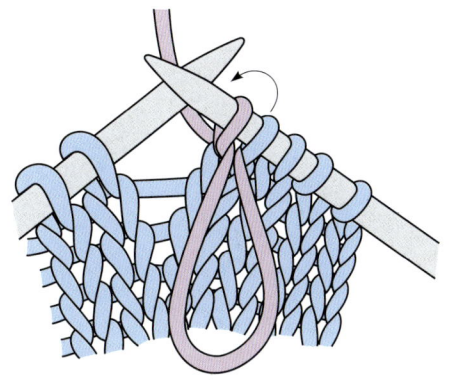

3 이렇게 하면 오른쪽 바늘에 1코가 아닌 2코가 만들어지게 되므로(두 코 사이에는 고리가 생깁니다). 먼저 만든 코를 나중에 만든 코 위로 끌어올립니다.

코바늘뜨기, 알아두세요

코바늘뜨기에서 간단하게 코를 뜨는 법을 알면 흥미로운 모양을 만들 수 있습니다.
이제 코를 뜨는 데 필요한 기본 내용과 아이디어 몇 가지를 소개할게요.

매듭짓기

1 코바늘에 매듭을 걸어 사슬의 첫 번째 고리를 만듭니다. 이제 이 사슬고리를 바탕으로 첫 단 또는 원형뜨기의 코들을 떠갑니다. 왼손 두 손가락에 실을 걸어 고리를 만들고, 코바늘을 고리에 집어넣어 실을 잡아채서 고리 사이로 빼뜨기를 합니다.

2 뜨개실의 양끝을 당겨서 매듭을 조이면, 고리가 바늘에 꼭 맞게 됩니다.

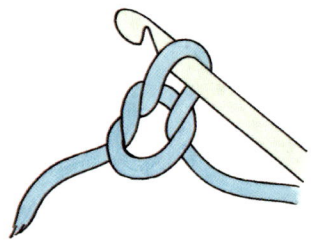

걸기 동작

왼손 엄지와 중지로 매듭(나중에는 사슬)을 잡습니다. 실을 왼손 검지 위로 감아 팽팽하게 잡도록 하고, 필요하면 새끼손가락에도 실을 감아요. 오른손으로는 코바늘을 잡고 손목을 돌려서 코바늘 끝이 실 밑으로 가게 한 다음, 실을 잡아채 고리 사이로 빼어 사슬뜨기를 합니다.

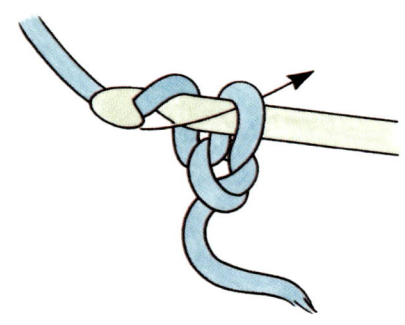

실을 걸어 잡아채기란 코바늘에 실을 감는 동작을 말해요. 이 동작은 사슬뜨기와 빼뜨기 등 코바늘의 모든 기호와 여러 가지로 결합해서 사용되지요.

※ 별다른 지시 사항이 없으면 코바늘은 사슬의 앞부분, 또는 코의 윗면이 되는 실의 두 가닥 아래로 넣습니다.

원형뜨기

원형뜨기는 주로 사슬뜨기 고리에서 시작하는데, 중심을 좀더 탄탄하게 하고 싶으면 원형코뜨기로 시작합니다. 원형뜨기를 할 때는 편물을 뒤집지 않고 반시계 방향으로 돌아가며 뜹니다.

● **사슬뜨기 고리**

필요한 만큼 사슬뜨기를 한 후 첫 번째 사슬에서 빼뜨기를 해서 고리를 만듭니다. 사슬뜨기한 코를 중심으로 코를 떠서 첫 번째 원을 뜹니다. 남은 실 끝도 돌려가며 뜨면 고리가 부드럽고 푹신해지며, 실을 잡아당겨서 팽팽하게 만들 수도 있어요.

● **원형코뜨기**

1 원형코뜨기를 하려면, 매듭을 만들 때처럼 먼저 손가락 두 개에 실을 걸어 고리를 만든 후 코바늘을 고리 사이에 넣어서 실을 빼냅니다. 하지만 실을 팽팽하게 잡아당기지는 않습니다.(매듭 1단계를 보세요). 왼손 엄지와 검지로 고리를 펼쳐서 잡고 실을 쥐고는, 코바늘을 고리 사이에 넣고 실을 빼내어 고정합니다.

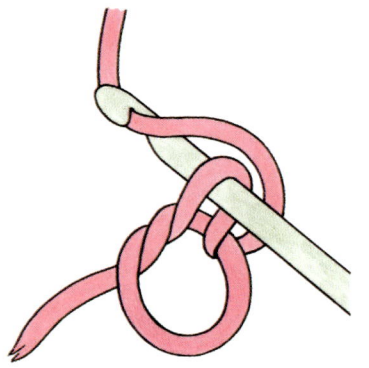

2 실 두 가닥 아래로 코바늘을 넣어 지시된 대로 코를 뜬 후 풀려 있는 실 끝을 당겨서 고리가 풀리지 않게 합니다. 첫 번째 코에 빼뜨기를 하여 고리를 연결합니다.

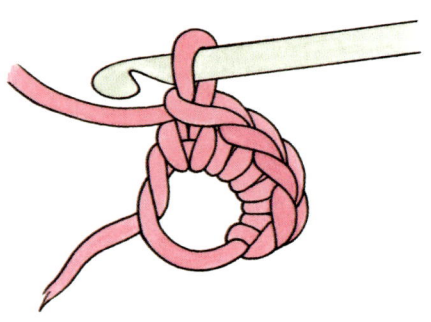

단뜨기

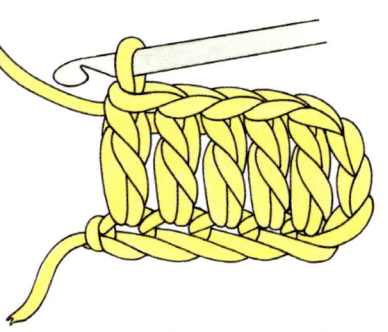
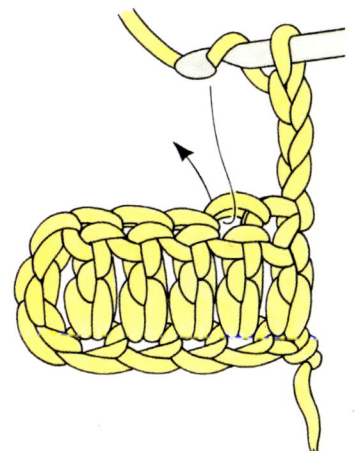

1. 사슬뜨기를 바탕으로 제시된 수만큼 사슬뜨기를 한 다음, 건너뛴 코에서 첫 번째 코에 뜹니다. 이후 오른쪽에서 왼쪽으로 사슬뜨기에서 코를 뜹니다. 그림은 첫 코로 사슬뜨기 3코를 뜬 후 1길 긴뜨기로 첫 단을 뜨는 과정입니다.

2. 첫 단을 다 뜬 후에는 편물을 반시계 방향으로 돌려줍니다. 다시 사슬뜨기를 해서 다음 단의 첫 코를 만듭니다. 이후 코를 계속 뜨는데, 두 번째 코를 뜨는 자리에 주의해야 합니다. 바늘을 바로 밑 코가 아니라 이전 단의 다음 코에 넣어야 합니다. 바로 밑에 있는 코에서 뜨면 한 코에 두 코가 만들어져서 코가 늘어나게 됩니다.

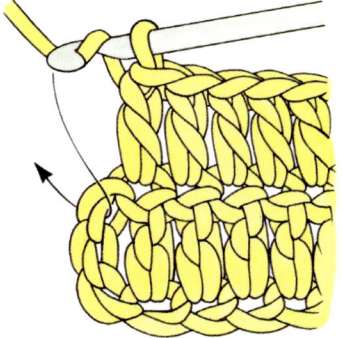

3. 한 단의 마지막 코를 뜨는 위치는 이전 단의 첫 번째 코였던 사슬뜨기의 윗면입니다.

※ 코바늘뜨기의 코는 대칭되는 모양이 아닙니다. 코의 윗면이 되는 사슬이 코의 주된 부분 쪽으로 향하기 때문이지요(위의 1길 긴뜨기로 단을 뜨는 그림을 보세요). 초보자는 처음 단을 뜨면서 이 점에 당황할 수도 있어요. 원형뜨기를 해보면 이해하기가 좀 더 쉬워요. 코의 방향이 모두 같은 방향, 대개는 오른쪽으로 향하기 때문입니다.

원형뜨기에서 단뜨기로 바꾸기

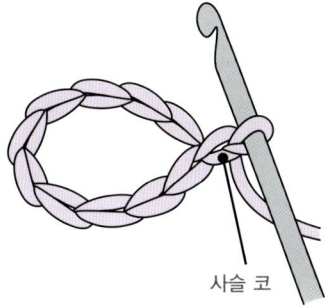
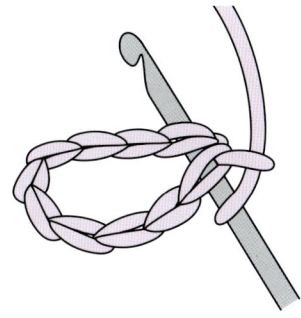

사슬 코

1. 원형뜨기로 짝수 개의 코가 만들어져 있을 때 사슬뜨기로 코를 하나 더 만듭니다. 원형뜨기로 뜬 코의 사슬 앞뒤 양쪽 안으로 바늘을 넣어 짧은뜨기하세요.

2. 그림에 나와 있는 것처럼, 원형뜨기 양쪽이 서로 다 모일 때까지 같은 방법으로 반복하세요.

양쪽 루프/뒤쪽 루프

코바늘뜨기에서는 한 코에 앞쪽과 뒤쪽으로 루프를 나누어 작업합니다.

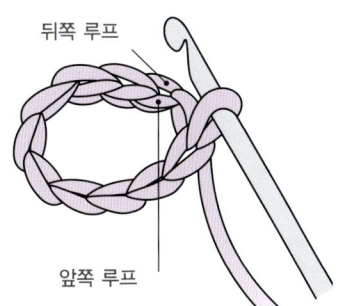

뒤쪽 루프

앞쪽 루프

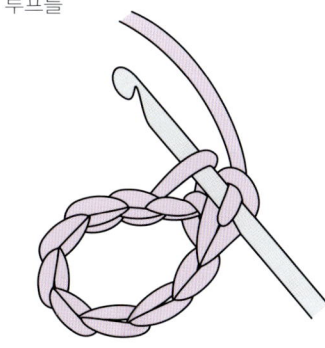

● 뒤쪽 루프

● 양쪽 루프

양쪽 루프에 바늘을 걸고 뜨면 팽팽하고 빽빽한 편물이 만들어지며 안과 겉, 양쪽이 거의 구별이 가지 않습니다.

알아두기: 이 책에 실린 패턴은 별도로 언급하지 않은 경우 모두 뒤쪽 루프로만 작업합니다. 양쪽 루프로 뜨면 치수가 맞지 않거나 불균형하게 만들어질 수 있으니 주의하세요.

뒤쪽 루프로만 작업하면 얇고 쉽게 접히는 편물을 만들 수 있습니다. 또 원형이나 단마다 한쪽으로 루프가 남아 있게 되어, 마무리가 헐렁한 경우 제대로 조여줄 때 유용해요. 뿐만 아니라 곡선을 만들기에도 훨씬 편리하기 때문에, 이 책에서 많이 소개하는 곡선 위주의 패턴을 만들 때 사용합니다.

제2장 완성 작품들 보기

이 부분에는 물고기·산호·해초·조개 등 손뜨개로 만든 다양한 디자인의 바다 생물이 소개되어 있습니다. 전체적으로 살펴본 후, 마음에 드는 디자인을 골라서 만드는 방법을 찾아보세요.

해변

바닷가에 가면, 조개를 비롯해 눈에 익은 바다 생물들과 바다가 창조해낸 다양한 작품들이 해안선을 따라 파도에 씻긴 모습을 드러냅니다. 수줍음 많은 소라게와 활발한 농게가 해변을 뒤덮은 풀과 꽃을 헤치며 살금살금 걸어가네요.

46 성게 껍데기

43 연잎성게

44 소라게

5 가리비 (변형)

45 바다석류

5 가리비

3 줄무늬 청자고둥

1 페어아일 문양의 청자고둥

2 수놓은 청자고둥

4 농게

조수 웅덩이

간조 때 생겨나는 웅덩이는 활기찬 작은 생태계입니다. 활짝 핀 꽃처럼 어여뻐서 바다의 아네모네라 불리는 말미잘과 화려한 주름 장식을 뽐내는 갯민숭달팽이, 느릿느릿 움직이는 불가사리, 이와 반대로 눈 깜짝할 사이에 잽싸게 움직이는 블레니를 만나볼 수 있습니다.

12 바이컬러 블레니

7 거미불가사리

6 염수새우

49 바다이끼

10 따개비

7 거미불가사리 (변형)

얕은 바다

수면 바로 아래라서 햇빛이 풍부하게 비치는 이곳은 다양한 생명체로 가득합니다. 우아한 에인절피시, 유유히 헤엄치는 가오리, 자유롭게 몸의 색을 바꿔서 바닷속 카멜레온이라 불리는 갑오징어를 만나보세요.

18 갑오징어

14 줄무늬 다트피시

20 에인절피시

17 고둥 껍데기

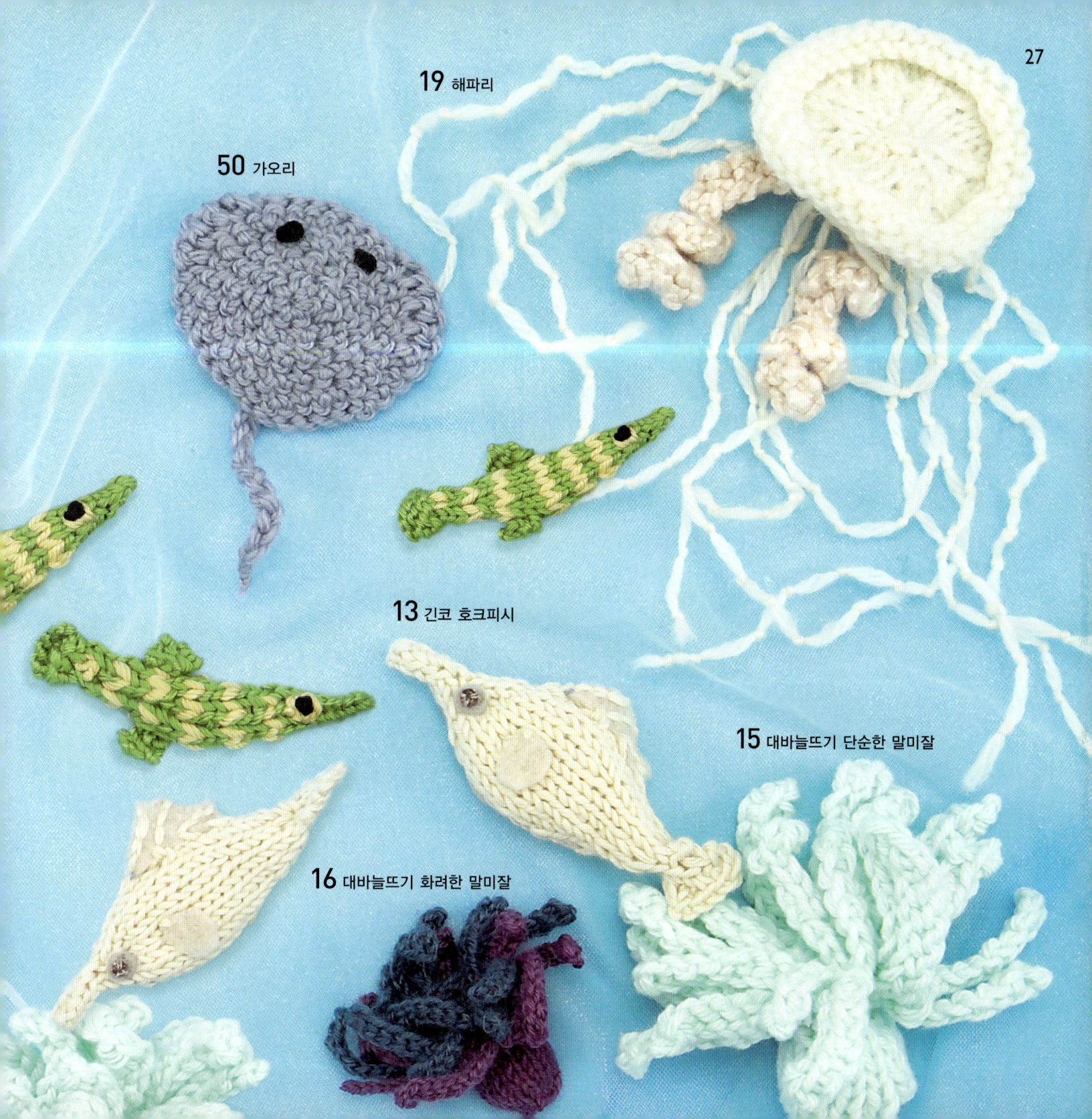

문어의 정원

점잖은 문어가 바닷말과 해초로 꾸며진 아름다운 정원에서 산책을 즐깁니다. 삿갓말과 네레오키스티스, 구멍쇠미역이 조류의 흐름에 맞춰 몸을 흔들고, 푸릇푸릇한 블래더랙 사이로 버튼폴립이 눈길을 사로잡네요.

26 네레오키스티스

52 청어

22 다시마

23 버튼폴립

53 피그미문어

산호초

산호초에는 그야말로 형형색색의 바다 생물들이 모여 있어요. 화려한 색을 자랑하는 감마와 자리돔, 망둥이가 알록달록한 산호 사이를 누비며 지나가네요.

58 보라감마

30 흰동가리

28 대바늘뜨기 작은 뇌석산호

57 폴립산호

28 대바늘뜨기 큰 뇌석산호

먼 바다

해안에서 멀리 떨어진 망망대해나 바닷속 깊은 해저에서는 덩치가 큰 물고기와 고래·거북·오징어 등이 마치 순찰을 도는 듯 천천히 유영하고 있어요. 사람들은 둥근 구형球形 잠수기를 타고 조심스럽게 이곳에 발을 들여놓습니다.

72 돌고래

34 백상아리

34 백상아리 (변형)

70 향유고래

36 바다거북

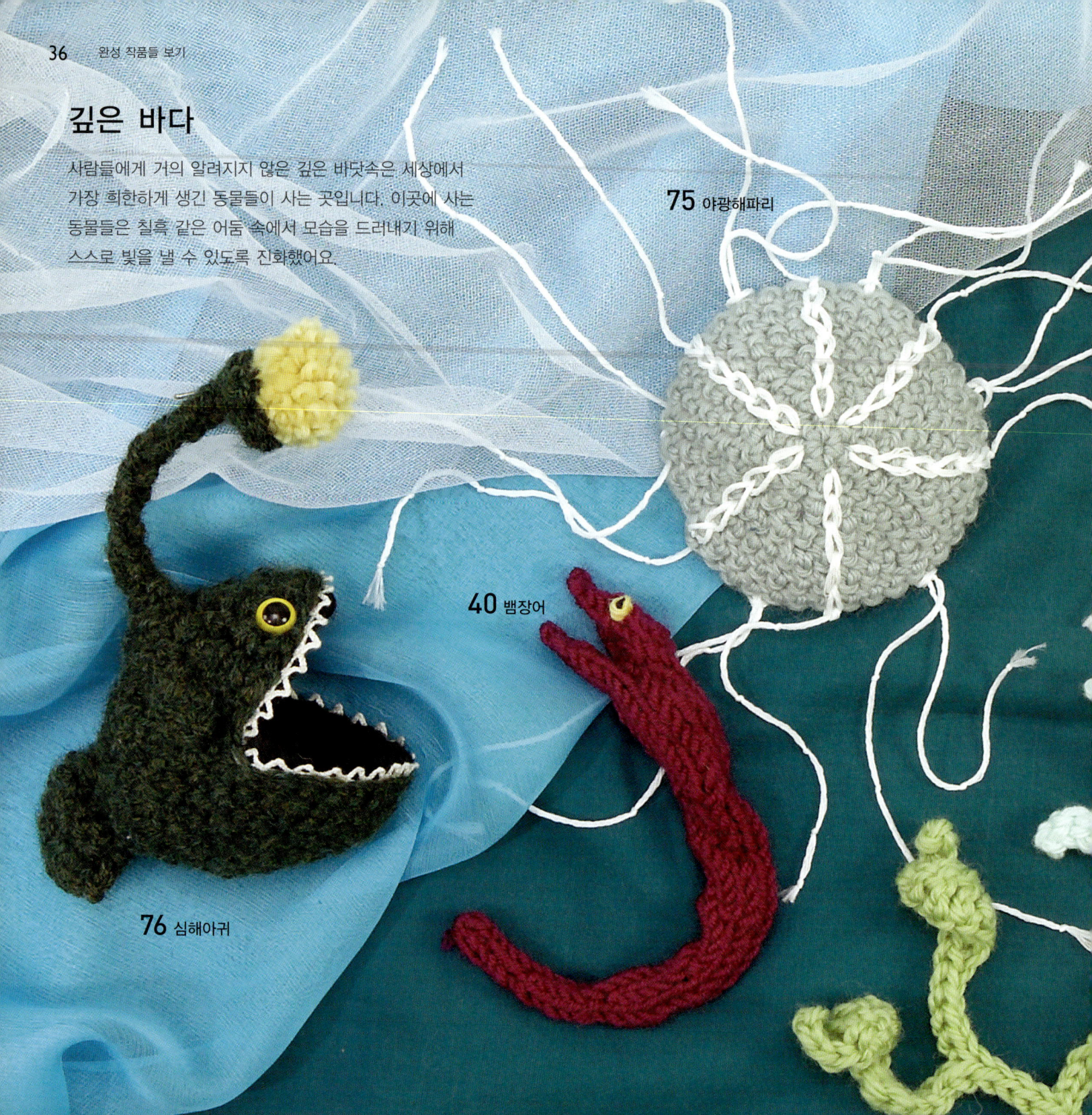

제3장 실전 뜨기

이 장에서는 앞서 소개한 모든 디자인을 대바늘뜨기와 코바늘뜨기로 나누어서 설명합니다. 모든 코바늘뜨기 디자인과 몇몇 대바늘뜨기 디자인에는 도안을 첨부했어요. 또한 여러 각도에서 촬영한 작품 사진도 덧붙여서 더욱 편리하게 참고할 수 있도록 했습니다.

대바늘뜨기

1. 페어아일 문양의 청자고둥
완성작 보기 ▶ 23쪽

실: 합태사 갈색, 흰색
부재료: 돗바늘, 악센트 컬러 털실

뜨는 방법

알아두기: 청자고둥의 불규칙한 무늬는 페어아일 문양으로 표현할 수 있습니다. 짝수 단은 겉면이고 홀수 단은 안면입니다. 실의 색깔은 도안대로 따라하세요. 별다른 언급이 없으면 모두 메리야스 뜨기를 합니다.

1단: 갈색 실로 시작코를 15코 만든다.
2단: 마지막 2코가 남을 때까지 모두 겉뜨기한 다음, 2코 모아 겉뜨기
3단: 모두 안뜨기
11코만 남을 때까지 2단과 3단을 반복한다. (총 8단)
10단: 모두 겉뜨기
11단: 모두 안뜨기
12단: 마지막 2코가 남을 때까지 모두 겉뜨기한 다음, 2코 모아 겉뜨기
13단: 모두 안뜨기
14단: 모두 겉뜨기
15단: 모두 안뜨기
5코만 남을 때까지 12~15단을 반복한다. (총 23단)
코를 마무리한다.

붙이기

악센트 컬러 털실을 사용해서 작품의 양쪽 끝단을 따라 박음질한다. 15코 시작코 부분부터 말아 올려서 고둥의 '입' 모양을 만든다. 풀리지 않게 돗바늘로 꿰매어 고정시킨다.

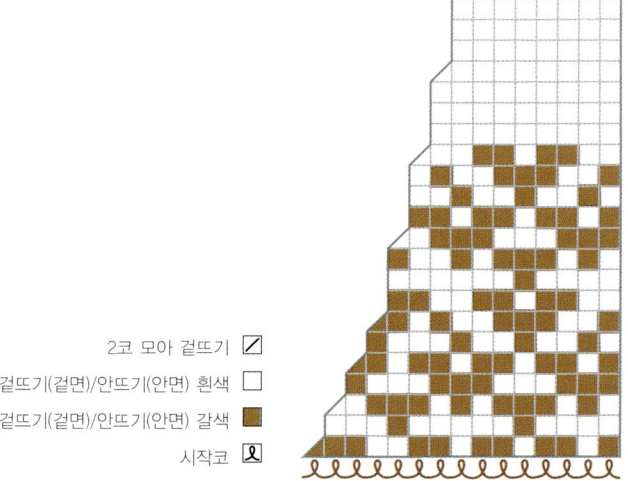

2코 모아 겉뜨기 ╱
겉뜨기(겉면)/안뜨기(안면) 흰색 ☐
겉뜨기(겉면)/안뜨기(안면) 갈색 ■
시작코

함께 보세요

14쪽
대바늘 뜨개법
대바늘뜨기 약어

16~17쪽
대바늘뜨기, 알아두세요

대바늘뜨기 디자인 | 41

2	수놓은 청자고둥
	완성작 보기 ▶ 23쪽

실: 합태사
부재료: 돗바늘, 악센트 컬러 털실

뜨는 방법

알아두기: 일단 뜨개질을 마친 다음 디테일 장식을 수놓기 때문에, 청자고둥 중에서 가장 만들기 쉬운 디자인입니다.

1단: 시작코 15코를 만든다.
2단: 마지막 2코가 남을 때까지 모두 겉뜨기한 다음, 2코 모아 겉뜨기
3단: 모두 안뜨기
11코만 남을 때까지 2단과 3단을 반복한다. (총 8단)
10단: 모두 겉뜨기
11단: 모두 안뜨기
12단: 마지막 2코가 남을 때까지 모두 겉뜨기한 다음, 2코 모아 겉뜨기
13단: 모두 안뜨기
14단: 모두 겉뜨기
15단: 모두 안뜨기
5코만 남을 때까지 12~15단을 반복한다. (총 23단)
코를 마무리한다.

2코 모아 겉뜨기 ／
스위스 다닝 스티치 ♥
겉뜨기(겉면)/안뜨기(안면) □
시작코 👤

붙이기

악센트 컬러 털실을 사용하여 도안에 표시된 위치에 스위스 다닝 스티치를 한다. 작품 양쪽 끝단을 따라 백 스티치한다. 15코 시작코 부분부터 말아 올려서 고둥의 '입' 모양을 만든다. 풀리지 않게 돗바늘로 꿰매어 고정시킨다.

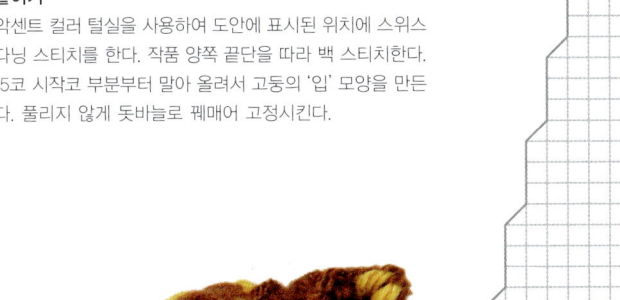

3	줄무늬 청자고둥
	완성작 보기 ▶ 23쪽

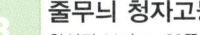

실: 합태사 어두운 오렌지색, 밝은 귤색
부재료: 돗바늘, 악센트 컬러 털실

뜨는 방법

알아두기: 이 청자고둥은 줄무늬가 생기도록 뜹니다.

1단: 어두운 오렌지색 실로 시작코를 15코 만든다.
2단: 마지막 2코가 남을 때까지 모두 겉뜨기한 다음, 2코 모아 겉뜨기
3단: 밝은 귤색 실로 모두 안뜨기
도안대로 털실 색을 번갈아 사용하면서, 11코만 남을 때까지 2단과 3단을 반복한다. (총 8단)
10단: 모두 겉뜨기
11단: 모두 안뜨기
12단: 마지막 2코가 남을 때까지 모두 겉뜨기한 다음, 2코 모아 겉뜨기
13단: 모두 안뜨기
14단: 모두 겉뜨기
15단: 모두 안뜨기
5코만 남을 때까지 12~15단을 반복한다. (총 23단)
코를 마무리한다.

2코 모아 겉뜨기 ／
겉뜨기(겉면)/안뜨기(안면) 흰색 □
겉뜨기(겉면)/안뜨기(안면) 갈색 ■
시작코 👤

붙이기

악센트 컬러 털실을 사용해서 작품 양쪽 끝단을 따라 박음질한다. 15코 시작코 부분부터 말아 올려서 고둥의 '입' 모양을 만든다. 풀리지 않게 돗바늘로 꿰매어 고정시킨다.

4 농게
완성작 보기 ▶ 23쪽

실: 병태사
바늘: 양끝이 뾰족한 대바늘 3개
부재료: 돗바늘, 코바늘, 게의 눈을 만들 검은색 털실, 솜

뜨는 방법

알아두기: 게의 몸통은 단뜨기로 뜨고, 다리는 원형뜨기로 만듭니다. 다만, 다리 끝 집게 부분은 다시 단뜨기로 마무리하지요.

몸통 오른편 조각 (1개 만든다)
1단: 시작코를 12코 잡는다.
2단: 모두 안뜨기 (12코)
3단: 6코 겉뜨기, [2코 모아 겉뜨기] 3회 (9코)
4단: 모두 안뜨기 (9코)
5단: 3코 겉뜨기, [2코 모아 겉뜨기] 3회 (6코)
6단: 모두 안뜨기 (6코)
7단: [2코 모아 겉뜨기] 3회 (3코)
8단: 안뜨기로 코를 마무리한다

몸통 왼편 조각 (1개 만든다)
1단: 시작코를 12코 잡는다.
2단: 모두 안뜨기 (12코)
3단: ssk 3회, 6코 겉뜨기 (9코)
4단: 모두 안뜨기 (9코)
5단: ssk 3회, 3코 겉뜨기 (6코)
6단: 모두 안뜨기 (6코)
7단: ssk 3회 (3코)
8단: 안뜨기로 코를 마무리한다.

몸통의 배, 등, 앞부분 (1개 만든다)
1단: 시작코를 14코 잡는다.
2단: 모두 안뜨기 (14코)
3단: 모두 겉뜨기 (14코)
4~13단: 2~3단까지를 5회 더 반복한다.
14단: 모두 겉뜨기. 안쪽 면에서 뜨는데, 배와 앞부분 사이의 경계가 만들어진다. (14코)
15단: 모두 겉뜨기 (14코)
16~21단: 2단과 3단을 3회 더 반복한다. (14코)
22단: 모두 겉뜨기. 이번에도 마찬가지로 안쪽 면에서 뜬다. (14코)
23단: 모두 겉뜨기 (14코)
24~37단: 2단과 3단을 7회 더 반복한다.
38단: 안뜨기로 코를 마무리한다.

뒷다리 (2개 만든다)
원형 1단: 시작코를 2코 잡는다.
원형 2단: 모두 겉뜨기 (2코)
원형 3단: 모두 겉뜨기 (2코)
원형 4단: 1코 겉뜨기, m1, 1코 겉뜨기 (3코)
원형 5단: 모두 겉뜨기 (3코)
원형 6단: 모두 겉뜨기 (3코)
원형 7단: 1코 겉뜨기, m1, 2코 겉뜨기 (4코)
원형 8~32단: 모두 겉뜨기. 원형 총 25단 (4코)
원형 33단: 2코 모아 겉뜨기, 2코 겉뜨기 (3코)
원형 34단: 모두 겉뜨기 (3코)
원형 35단: 모두 겉뜨기 (3코)
원형 36단: 2코 모아 겉뜨기, 1코 겉뜨기 (2코)
원형 37단: 모두 겉뜨기 (2코)
원형 38단: 모두 겉뜨기 (2코)
원형 39단: 겉뜨기로 코를 마무리한다.

왼쪽 집게 발 (1개 만든다)
원형 1~32단: 위의 '뒷다리'와 같은 방법으로 뜬다.
원형 33단: 1코 겉뜨기, m1, 3코 겉뜨기 (5코)
원형 34단: 모두 겉뜨기 (5코)
원형 35단: 1코 겉뜨기, m1, 4코 겉뜨기 (6코)
원형 36단: 모두 겉뜨기 (6코)
원형 37단: 1코 겉뜨기, m1, 5코 겉뜨기 (7코)
원형 38~42단: 5단 모두 겉뜨기 (7코)
여기까지 뜬 후 편물을 돌려서, 처음 4코를 단뜨기로 시작한다.

나머지 3코는 잠시 후 돌아와서 다시 작업한다.
A 1단: 4코 안뜨기
A 2단: 모두 겉뜨기 (4코)
A 3단: 모두 안뜨기 (4코)
A 4단: ssk, 2코 모아 겉뜨기 (2코)
A 5단: 안뜨기로 코를 마무리한다.
이제 첫 번째 바늘에 남겨뒀던 코로 돌아가서 앞쪽으로 보이는 겉면에서 작업을 계속한다.
B 1단: 모두 겉뜨기 (3코)
B 2단: 모두 안뜨기 (3코)
B 3단: 1코 겉뜨기, 2코 모아 겉뜨기 (2코)
B 4단: 안뜨기로 코를 마무리한다.

오른쪽 집게 발 (1개 만든다)
원형 1~32단: 위의 '뒷다리'와 같은 방법으로 뜬다.
원형 33단: 1코 겉뜨기, m1, 3코 겉뜨기 (5코)
원형 34단: 모두 겉뜨기 (5코)
원형 35단: 1코 겉뜨기, m1, 4코 겉뜨기 (6코)
원형 36단: 모두 겉뜨기 (6코)
원형 37단: 1코 겉뜨기, m1, 5코 겉뜨기 (7코)
원형 38단: 모두 겉뜨기 (7코)
원형 39단: 6코 겉뜨기, m1, 1코 겉뜨기 (8코)
원형 40단: 모두 겉뜨기 (8코)
원형 41단: 1코 겉뜨기, m1, 7코 겉뜨기 (9코)
원형 42단: 모두 겉뜨기 (9코)
원형 43단: 8코 겉뜨기, m1, 1코 겉뜨기 (10코)

원형 44단: 모두 겉뜨기 (10코)
원형 45단: 1코 겉뜨기, m1, 9코 겉뜨기 (11코)
원형 46~50단: 5단 모두 겉뜨기 (11코)
여기서 편물을 돌려 처음 4코를 단뜨기로 시작한다. 나머지 7코는 잠시 후 돌아와서 다시 작업한다.
A 1단: 4코 안뜨기
A 2단: 모두 겉뜨기 (4코)
A 3단: 모두 안뜨기 (4코)
A 4단: ssk, 2코 모아 겉뜨기 (2코)
A 5단: 안뜨기로 코를 마무리한다.
이제 첫 번째 바늘에 남겨두었던 코로 돌아가 앞에서 봤을 때 겉이 되는 면에서 작업을 계속한다.
B 1단: 모두 겉뜨기 (7코)
B 2단: 모두 안뜨기 (7코)
B 3단: 모두 겉뜨기 (7코)
B 4단: 모두 안뜨기 (7코)
B 5단: ssk, 3코 겉뜨기, 2코 모아 겉뜨기 (5코)
B 6단: 모두 안뜨기 (5코)
B 7단: ssk, 1코 겉뜨기, 2코 모아 겉뜨기 (3코)
B 8단: 안뜨기로 코를 마무리한다.

눈 (1개 만든다)
원형 1단: 시작코를 4코 잡는다.
원형 2단: 1코 겉뜨기, m1, 1코 겉뜨기, m1, 2코 겉뜨기 (6코)
원형 3단: 모두 겉뜨기 (6코)
원형 4단: 2코 모아 겉뜨기, 2코 겉뜨기, 2코 모아 겉뜨기 (4코)
원형 5단: 2코 모아 겉뜨기, 2코 겉뜨기 (3코)
원형 6~13단: 8단 모두 겉뜨기 (3코)
원형 14단: 1코 겉뜨기, m1, 2코 겉뜨기 (4코)
원형 15단: 1코 겉뜨기, m1, 1코 겉뜨기, m1, 2코 겉뜨기 (6코)
원형 16단: 모두 겉뜨기 (6코)
원형 17단: 2코 모아 겉뜨기, 2코 겉뜨기, 2코 모아 겉뜨기 (4코)
원형 18단: 겉뜨기로 코를 마무리한다.

붙이기
돗바늘에 털실을 꿰어, 몸통 오른쪽·왼쪽 부분을 배·등·앞부분에 붙인다. 몸통 속에 솜을 넣어 채운 후, 뒷부분을 꿰매어 봉합해준다. 완성된 다리는 각각 뒷다리 2개로 사용되며, 십게발의 집게 이외의 부분을 앞다리로 사용된다. 다리 조각들을 몸통 옆에 끼워 넣어 다리의 가운데가 몸통 안으로 들어가 보이지 않게 하고 양쪽으로 다리 끝을 빼내어 다리가 각각 2개씩 나오게 한다. 밖으로 나온 다리 부분은 0.5~1.5cm 정도 길이가 되도록 한다. 필요하면 돗바늘로 이 다리를 고정시키고, 다리의 마디를 표현하기 위해 다리가 살짝 구부러지도록 실로 집어준다. 마찬가지 방법으로 눈 조각도 몸통 앞부분에 끼워 넣은 다음 꿰매어 고정한다. 마지막으로, 검은색 털실로 프렌치 노트 스티치(바늘에 두 번 이상 실을 감아 원래 구멍에 꿰어 만드는 자수기법)를 놓아 눈을 완성한다.

뒷다리와 집게발은 몸통 옆에, 눈은 앞부분에 끼워 넣습니다.

| 44 | 실전 뜨기

5 가리비
완성작 보기 ▶ 22쪽

실: 아크릴 병태사

뜨는 방법

알아두기: 짝수 단이 겉면, 홀수 단이 안면입니다. 22쪽에 있는 것과 같은 작은 크기로 변형하고 싶다면 합태사를 사용하세요.

1단: 시작코를 11코 잡는다.
2단: 모두 안뜨기 (11코)
3단: ssk 3회, 1코 겉뜨기, [2코 모아 겉뜨기] 2회 (6코)
4단: 모두 안뜨기 (6코)
5단: 모두 겉뜨기 (6코)
6단: [1코 안뜨기, m1] 5회, 1코 안뜨기 (11코)
7단: [1코 겉뜨기, 1코 안뜨기] 5회, 1코 겉뜨기 (11코)
8단: [1코 안뜨기, m1, 1코 겉뜨기] 5회, 1코 안뜨기 (16코)
9단: [1코 겉뜨기, 2코 안뜨기] 5회, 1코 겉뜨기 (16코)
10단: [1코 안뜨기, 1코 겉뜨기, m1, 1코 겉뜨기] 5회, 1코 안뜨기 (21코)
11단: [1코 겉뜨기, 3코 안뜨기] 5회, 1코 겉뜨기 (21코)
12단: [1코 안뜨기, 3코 겉뜨기] 5회, 1코 안뜨기 (21코)
13단: [1코 겉뜨기, 3코 안뜨기] 5회, 1코 겉뜨기 (21코)
14단: [1코 안뜨기, ssk, 1코 겉뜨기] 2회, [1코 안뜨기, 1코 겉뜨기, 2코 모아 겉뜨기] 3회, 1코 안뜨기 (16코)
15단: [1코 겉뜨기, 2코 안뜨기] 5회, 1코 겉뜨기 (16코)
16단: [1코 안뜨기, ssk] 2회, [1코 안뜨기, 2코 모아 겉뜨기] 3회, 1코 안뜨기 (11코)
17단: [1코 겉뜨기, 1코 안뜨기] 5회, 1코 겉뜨기 (11회)
18단: 1코 안뜨기, ssk 2회, [2코 모아 겉뜨기] 3회 (6코)
19단: ssk 2회, 2코 모아 겉뜨기 (3코)
20단: 코를 마무리한다.

코 마무리

겉뜨기	I
안뜨기	−
2코 모아 겉뜨기	╲
ssk	╱
m1	M
시작코	⧖
겉면	R

안면에서 본 패턴

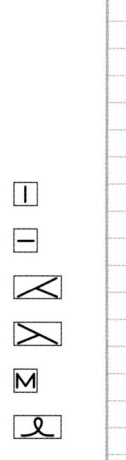

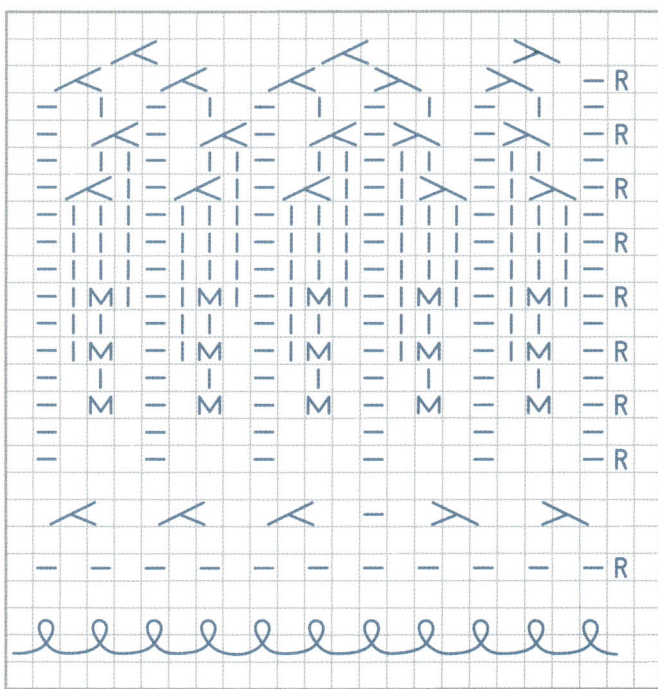

6 염수새우
완성작 보기 ▶ 24쪽

실: 병태사
바늘: 양끝이 뾰족한 대바늘 2개
부재료: 돗바늘, 바느질용 실과 바늘, 눈으로 붙일 포니비즈

뜨는 방법

새우 몸통은 끈 뜨기로 만드는데, 머리 부분부터 뜨기 시작합니다.

몸통
원형 1단: 시작코를 4코 만든다.
원형 2~12단: 모두 겉뜨기 (4코)
원형 13단: 2코 겉뜨기, 2코 모아 겉뜨기 (3코)
원형 14~17단: 모두 겉뜨기 (3코)
원형 18단: 겉뜨기, 2코 모아 겉뜨기 (2코)
원형 19~22단: 모두 겉뜨기 (2코)
원형 23단: 코 마무리

붙이기
13cm 길이로 자른 털실 28가닥을 준비한다. 2가닥씩 모은 후, 한쪽 끝에서 4cm 되는 곳에 한번 매듭을 지어 묶는다. 이렇게 만든 실 1쌍을 몸통에 붙이려면, 매듭을 기준으로 길게 남은 쪽의 실 2가닥 사이에 몸통을 넣은 다음 반대쪽으로도 매듭을 지어 몸통을 꼭 조이도록 한다. 새우 몸을 따라 꼬리 쪽으로 실 13쌍을 마찬가지 방법으로 붙인다. 마음에 드는 모양으로 다리를 다듬어준다.
눈을 만들려면, 돗바늘을 사용하여 머리 부분의 양쪽에 프렌치 노트 스티치를 두 번 놓는다. 이번에는 바느질용 실과 바늘로 이 매듭 위에 커다란 포니비즈를 붙인다.

작은 갑각류에 속하는 염수새우의 크기는 성체가 되어도 머리부터 꼬리까지 1.5cm가 채 되지 않습니다. 그러나 새우의 알은 물이 없는 극한의 환경에서도 수년간 살아남을 수 있는 강한 생명력을 지니고 있습니다.

7 거미불가사리
완성작 보기 ▶ 24쪽

실: 아크릴 병태사 연분홍색, 회색
바늘: 양끝이 뾰족한 대바늘 2개
부재료: 돗바늘

뜨는 방법

알아두기: 이 패턴은 단순한 끈 뜨기에 배색을 한 것입니다. 24쪽에 있는 것처럼 커다란 크기의 불가사리를 만들고자 하면, 검은색과 흰색 털실로 더 길게 원형뜨기를 하면 됩니다.

다리 (끈 뜨기로 5개 만든다)
원형 1단: 연분홍색 실로 시작코를 4코 잡는다.
원형 2~4단: 끈 뜨기로 모두 겉뜨기 (4코씩 3단)
원형 5~7단: 회색 실로 모두 겉뜨기, 남은 연분홍색 실은 안쪽에 넣어 보이지 않게 한다. (4코씩 3단)
원형 8~10단: 연분홍색 실로 모두 겉뜨기, 남은 회색 실은 안쪽에 넣어 보이지 않게 한다. (4코씩 3단)
원형 11~13단: 회색 실로 모두 겉뜨기, 남은 연분홍색 실은 안쪽에 넣어 보이지 않게 한다. (4코씩 3단)
원형 14~15단: 연분홍색 실로 모두 겉뜨기 (4코씩 2단)
원형 16단: [2코 모아 겉뜨기] 2회. 코를 마무리한다.

붙이기
돗바늘과 연분홍색 털실을 사용하여, 다리 조각 각각의 시작 부분(첫째 단)을 다 같이 하나로 붙여준다.

8 빨강불가사리
완성작 보기 ▶ 25쪽

실: 병태사
바늘: 양끝이 뾰족한 대바늘 3개
부재료: 돗바늘, 악센트 컬러 털실

뜨는 방법

알아두기: 불가사리의 다리는 끈 뜨기로 만듭니다.

다리 (5개 만든다)
원형 1단: 시작코를 8코 잡는다.
원형 2단: 모두 겉뜨기 (8코)
원형 3단: 모두 겉뜨기 (8코)
원형 4단: 모두 겉뜨기 (8코)
원형 5단: 2코 모아 겉뜨기, 6코 겉뜨기 (7코)
원형 6단: 모두 겉뜨기 (7코)
원형 7단: 4코 겉뜨기, 2코 모아 겉뜨기, 1코 겉뜨기 (6코)
원형 8단: 모두 겉뜨기 (6코)
원형 9단: 1코 겉뜨기, 2코 모아 겉뜨기, 3코 겉뜨기 (5코)
원형 10단: 모두 겉뜨기 (5코)
원형 11단: 3코 겉뜨기, 2코 모아 겉뜨기 (4코)
원형 12단: 모두 겉뜨기 (4코)
원형 13단: 2코 모아 겉뜨기, 2코 겉뜨기 (3코)
원형 14단: 모두 겉뜨기 (3코)
원형 15단: 1코 겉뜨기, 2코 모아 겉뜨기 (2코)
원형 16단: 겉뜨기로 코를 마무리한다.

붙이기
돗바늘로 모든 다리의 첫째 단을 서로 이어 붙여 하나로 만든다. 한쪽 면에 악센트 컬러 털실로 프렌치 노트 스티치를 놓는다.

9 실꾸리고둥
완성작 보기 ▶ 25쪽

실: 모 병태사
바늘: 양끝이 뾰족한 대바늘 2~3개
부재료: 핀, 돗바늘

뜨는 방법

알아두기: 이 작품은 편물의 코 하나하나가 드러나지 않아야 소라의 나사 모양이 전체적으로 부각됩니다. 따라서 100% 울로 된 실을 사용해 펠팅 효과를 내서 코가 선명하게 보이지 않도록 하는 것이 중요합니다. 전체 작업은 끈 뜨기로 합니다. 이 디자인에서 사용하는 'pfb'는 '1코에서 앞으로 한 번, 뒤로 한 번 안뜨기를 해서 2코 만들기'를 뜻합니다.

원형 1단: 시작코를 3코 잡는다.
원형 2단: 모두 안뜨기 (3코)
원형 3단: 모두 안뜨기 (3코)
원형 4단: 모두 안뜨기 (3코)
원형 5단: 2코 안뜨기, pfb (4코)
원형 6단: 모두 안뜨기 (4코)
원형 7단: 모두 안뜨기 (4코)
원형 8단: 모두 안뜨기 (4코)
원형 9단: 3코 안뜨기, pfb (5코)
원형 10단: 모두 겉뜨기 (5코)
원형 11단: 모두 안뜨기 (5코)
원형 12단: 모두 겉뜨기 (5코)
원형 13단: 모두 안뜨기 (5코)
원형 14단: 모두 겉뜨기 (5코)
원형 15단: 모두 겉뜨기 (5코)
원형 16단: 모두 겉뜨기 (5코)
원형 17단: 모두 겉뜨기 (5코)
원형 18단: 모두 겉뜨기 (5코)
원형 19단: 3코 안뜨기, pfb, 1코 안뜨기 (6코)
원형 20단: 모두 겉뜨기 (6코)
원형 21단: 모두 겉뜨기 (6코)
원형 22단: 모두 안뜨기 (6코)
원형 23단: 모두 겉뜨기 (6코)
원형 24단: 모두 겉뜨기 (6코)
원형 25단: 모두 안뜨기 (6코)
원형 26단: 모두 겉뜨기 (6코)
원형 27단: 모두 겉뜨기 (6코)
원형 28단: 모두 안뜨기 (6코)
원형 29단: 모두 겉뜨기 (6코)
원형 30단: 모두 겉뜨기 (6코)
원형 31단: pfb, 5코 안뜨기 (7코)
원형 32단: 모두 겉뜨기 (7코)
원형 33단: 모두 겉뜨기 (7코)
원형 34단: 모두 겉뜨기 (7코)
원형 35단: 모두 안뜨기 (7코)
원형 36단: 모두 겉뜨기 (7코)
원형 37단: 모두 겉뜨기 (7코)
원형 38단: 모두 겉뜨기 (7코)
원형 39단: 모두 안뜨기 (7코)
원형 40단: 겉뜨기로 코를 마무리한다.

붙이기
편물을 손가락으로 세게 비비면서 문질러 약간 닳은 느낌이 나게 한다. 편물을 소라 모양으로 말아 올려서 핀으로 고정시킨다. 그런 다음 돗바늘로 꿰매어 완전히 고정시킨다.

10 따개비
완성작 보기 ▶ 24쪽

실: 모 극태사
바늘: 양끝이 뾰족한 대바늘 4개
부재료: 돗바늘

뜨는 방법

알아두기: 입을 만들 때 짝수 단은 안면, 홀수 단은 겉면이 됩니다.

몸통 (원형뜨기로 1개 만든다)
원형 1단: 시작코를 16코 잡는다.
원형 2단: [1코 겉뜨기, 1코 안뜨기] 8회 (16코)
원형 3단: [1코 겉뜨기, 1코 안뜨기] 8회 (16코)
원형 4단: 2코 모아 겉뜨기, [1코 겉뜨기, 1코 안뜨기] 3회, 2코 모아 겉뜨기, [1코 겉뜨기, 1코 안뜨기] 3회 (14코)
원형 5단: 2코 겉뜨기, 1코 안뜨기, 2코 모아 겉뜨기, 1코 겉뜨기, 1코 안뜨기, 2코 겉뜨기, 1코 안뜨기, 2코 모아 겉뜨기, 1코 겉뜨기, 1코 안뜨기 (12코)
원형 6단: 2코 겉뜨기, 1코 안뜨기, 1코 겉뜨기, 2코 모아 겉뜨기, 2코 겉뜨기, 1코 안뜨기, 1코 겉뜨기, 2코 모아 겉뜨기
코를 마무리한다.

입 (단뜨기로 1개 만든다)
1단: 시작코를 5코 잡는다.
2단: 모두 겉뜨기
3단: 모두 안뜨기
4단: 모두 겉뜨기
5단: 모두 안뜨기
6단: 코를 마무리한다.

붙이기
입 조각을 비스듬하게 반으로 접은 다음, 뾰족한 끝 부분이 위로 향하도록 몸통 안에 집어넣는다. 돗바늘로 꿰매어 고정시킨다.

몸통: 원형뜨기

입: 단뜨기

| | 겉뜨기
— 안뜨기
⧄ 2코 모아 겉뜨기
⚯ 시작코

11 갯민숭달팽이
완성작 보기 ▶ 25쪽

실: 그러데이션된 병태사 분홍색, 흰색
바늘: 양끝이 뾰족한 바늘 6개 이상 (주름장식에 필요)
부재료: 돗바늘, 코바늘

뜨는 방법

알아두기: 달팽이의 몸통 끝부분이 뾰족하게 만들어지지 않게 하려면, 코 줄이기를 하는 마지막 단에서 코를 마무리합니다. 한편, 주름장식을 만드는 동안 몸통 둘레를 따라 코를 모두 주우려면 바늘이 여러 개 필요합니다.

몸통
원형 1단: 분홍색 실로 시작코를 3코 잡는다.
원형 2단: 모두 kfb (6코)
원형 3단: [1코 겉뜨기, kfb] 3회 (9코)
원형 4단: [kfb, 2코 겉뜨기] 3회 (12코)
원형 5단: [3코 겉뜨기, kfb] 3회 (15코)
원형 6단: [kfb, 4코 겉뜨기] 3회 (18코)
원형 7~38단: 모두 겉뜨기 (18코)
원형 39단: [2코 모아 겉뜨기, 4코 겉뜨기] 3회 (15코)
원형 40단: [3코 겉뜨기, 2코 모아 겉뜨기] 3회 (12코)
원형 41단: [2코 모아 겉뜨기, 2코 겉뜨기] 3회 (9코)
원형 42단: [1코 겉뜨기, 2코 모아 겉뜨기] 3회 (6코)
원형 43단: 코를 마무리하면서 [2코 모아 겉뜨기] 3회 (3코)

더듬이 (2개 만든다)
원형 1단: 분홍색 실로 시작코를 4코 잡는다.
원형 2단: 모두 겉뜨기 (4코)
원형 3단: 모두 겉뜨기 (4코)
원형 4단: 2코 모아 겉뜨기, 2코 겉뜨기 (3코)
원형 5단: 모두 겉뜨기 (3코)
원형 6단: 모두 겉뜨기 (3코)
원형 7단: 2코 모아 겉뜨기, 1코 겉뜨기 (3코)
원형 8단: 겉뜨기로 코를 마무리한다.

돌기 (4개 만든다)
원형 1단: 분홍색 실로 시작코를 2코 잡는다.
원형 2~15단: 모두 겉뜨기 (2코)
원형 16단: 겉뜨기로 고를 마무리한다.

주름장식
원형 1단: 대바늘 여러 개를 사용해서 몸통 둘레를 따라 흰색 실로 코를 줍는다.
모두 겉뜨기
원형 2단: 모두 kfb
원형 3단: 겉뜨기로 코를 마무리한다.

붙이기
갯민숭달팽이의 몸통 한쪽 끝 부분에 돗바늘로 더듬이를 꿰매어 붙인다. 그런 다음 코바늘을 사용하여 뿔을 달팽이 등의 코 사이로 집어넣어, 가운데가 몸통 안에 들어가고 양쪽 끝은 뾰족하게 나오게 한다.

이 '바다 민달팽이'는 바닷물의 깊이에 상관없이 어디서든 볼 수 있는데, 달팽이나 오징어 같은 연체동물에 속합니다.

대바늘뜨기 디자인 49

12 바이컬러 블레니
완성작 보기 ▶ 24쪽

실: 아크릴 병태사 자주색, 겨자색
바늘: 양끝이 뾰족한 대바늘 4개
부재료: 돗바늘, 눈을 만들 때 필요한 대비되는 색상의 털실, 솜

뜨는 방법

알아두기. 이 작품은 원형뜨기로 만듭니다. 처음에 코가 얼마 되지 않을 때는 끈 뜨기하듯 (원형 한 단을 다 뜨면 코를 바늘의 반대편 끝으로 밀어 보내면서) 뜹니다. 작품 말미에 가면 원형뜨기에서 단뜨기로 바꾸어 작업합니다.

몸통 (1개 만든다)
원형 1단: 자주색 실로 시작코를 1코 잡는다.
원형 2단: 같은 코에서 [1코 겉뜨기, 1코 안뜨기, 1코 겉뜨기]
원형 3단: 모두 kfb (6코)
원형 4단: 모두 kfb. 대바늘 3개에 코를 나눠 담는다. (12코)
원형 5~15단: 모두 겉뜨기 (12코)
원형 16단: 2코 모아 겉뜨기, 10코 겉뜨기 (11코)
원형 17단: 4코 겉뜨기, 2코 모아 겉뜨기, 5코 겉뜨기 (10코)
원형 18단: 2코 모아 겉뜨기, 8코 겉뜨기 (9코)
원형 19단: 겨자색 실로 바꿔서, 모두 겉뜨기 (9코)
원형 20단: 5코 겉뜨기, 2코 모아 겉뜨기, 2코 겉뜨기 (8코)
원형 21단: 모두 겉뜨기 (8코)
원형 22단: 모두 겉뜨기 (8코)
원형 23단: 2코 모아 겉뜨기, 6코 겉뜨기 (7코)
원형 24단: 모두 겉뜨기 (7코)
원형 25단: 모두 겉뜨기 (7코)
원형 26단: 2코 모아 겉뜨기, 5코 겉뜨기 (6코)
물고기 몸통 속을 채운다. 이제 원형뜨기에서 단뜨기로 바꾸므로, 코를 모두 바늘 하나에 옮긴다(16쪽 대바늘뜨기, 알아두세요 참고).
27단: 모두 겉뜨기 (6코)
28단: [1코 안뜨기, 1코 겉뜨기] 3회 (6코)
29단: [1코 안뜨기, 1코 겉뜨기] 3회 (6코)
30단: kfb, [1코 겉뜨기, 1코 안뜨기] 2회, kfb (8코)
31단: [1코 겉뜨기, 1코 안뜨기] 4회 (8코)
32단: 코를 마무리한다.

등지느러미 (1개 만든다)
1단: 자주색 실로 시작코를 6코 잡는다.
2단: 코를 마무리한다.

배지느러미 (1개 만든다)
1단: 자주색 실로 시작코를 4코 잡는다.
2단: 코를 마무리한다.

옆지느러미 (2개 만든다)
1단: 자주색 실로 시작코를 2코 잡는다.
2단: 2코 겉뜨기
3단: kfb 2회 (4코)
4단: 코를 마무리한다.

붙이기
돗바늘로 지느러미를 몸통에 붙인다. 대비되는 색상의 털실로 프렌치 노트 스티치를 놓아 눈을 만들고, 밝은 색 털실로 눈동자 주위를 감아서 눈 모양을 완성한다.

13 긴코 호크피시
완성작 보기 ▶ 27쪽

실: 병태사
바늘: 양끝이 뾰족한 대바늘 3개
부재료: 솜, 포니비즈, 회색 펠트, 베이지색 펠트, 바느질용 실과 바늘, 돗바늘

뜨는 방법

원형 1단: 시작코를 3코 잡는다.
원형 2단: 모두 겉뜨기 (3코)
원형 3단: 모두 겉뜨기 (3코)
원형 4단: 모두 겉뜨기 (3코)
원형 5단: 1코 겉뜨기, m1, 2코 겉뜨기 (4코)
원형 6단: 모두 겉뜨기 (4코)
원형 7단: 3코 겉뜨기, m1, 1코 겉뜨기 (5코)
원형 8단: 1코 겉뜨기, m1, 4코 겉뜨기 (6코)
원형 9단: 3코 겉뜨기, m1, 2코 겉뜨기, m1, 1코 겉뜨기 (8코)
원형 10단: 1코 겉뜨기, m1, 4코 겉뜨기, m1, 3코 겉뜨기 (10코)
원형 11단: 4코 겉뜨기, m1, 4코 겉뜨기, m1, 2코 겉뜨기 (12코)
원형 12단: 1코 겉뜨기, m1, 10코 겉뜨기, m1, 1코 겉뜨기 (14코)
원형 13단: 5코 겉뜨기, m1, 9코 겉뜨기 (15코)
원형 14단: 1코 겉뜨기, m1, 14코 겉뜨기 (16코)
원형 15단: 모두 겉뜨기 (16코)
원형 16단: 모두 겉뜨기 (16코)
원형 17단: 모두 겉뜨기 (16코)
원형 18단: 2코 모아 겉뜨기, 14코 겉뜨기 (15코)
원형 19단: 5코 겉뜨기, 2코 모아 겉뜨기, 8코 겉뜨기 (14코)
원형 20단: 10코 겉뜨기, 2코 모아 겉뜨기, 2코 겉뜨기 (13코)
원형 21단: 6코 겉뜨기, 2코 모아 겉뜨기, 5코 겉뜨기 (12코)
원형 22단: 3코 겉뜨기, 2코 모아 겉뜨기, 7코 겉뜨기 (11코)
원형 23단: 4코 겉뜨기, 2코 모아 겉뜨기, 5코 겉뜨기 (10코)
원형 24단: 1코 겉뜨기, 2코 모아 겉뜨기, 7코 겉뜨기 (9코)
여기까지 뜬 후, 물고기 몸통 속을 채운다.
원형 25단: 6코 겉뜨기, 2코 모아 겉뜨기, 1코 겉뜨기 (8코)
원형 26단: [2코 모아 겉뜨기] 4회 (4코)
16쪽 대바늘뜨기, 알아두세요에서 설명한 방법대로 원형뜨기에서 단뜨기로 바꾼다.
27단: [1코 겉뜨기, 1코 안뜨기] 2회 (4코)
28단: [1코 겉뜨기, 1코 안뜨기] 2회 (4코)
29단: [ktb, 1코 안뜨기] 2회 (6코)
30단: 겉뜨기로 코를 마무리한다.

붙이기

베이지색 펠트에서 옆지느러미 2장과 배지느러미 1장을 오려내고, 회색 펠트에서는 눈 아래에 붙일 작은 동그라미 2장을 오려낸다. 물고기를 뜨는 데 사용한 것과 같은 털실을 돗바늘에 꿰어, 지느러미를 몸통에 붙이고 등지느러미 위에 홈질로 지느러미 결을 수놓는다. 바느질용 실과 바늘로 회색 펠트 동그라미와 포니비즈를 붙여 눈을 표현한다.

14 줄무늬 다트피시

완성작 보기 ▶ 26쪽

실: 아크릴 병태사 초록색, 노란색
바늘: 양끝이 뾰족한 대바늘 4개
부재료: 돗바늘, 눈을 표현할 때 사용할 대비되는 색상의 털실

뜨는 방법

알아두기: 이 작품은 원형뜨기로 만듭니다. 처음에 코가 얼마 되지 않을 때는 끈 뜨기하듯(원형 한 단을 다 뜨면 코를 바늘의 반대편 끝으로 밀어 보내면서) 뜹니다. 삭슘 밀미에 이르면 원형뜨기에서 단뜨기로 바꿔서 작업합니다.

몸통 (1개 만든다)
원형 1단: 초록색 실로 시작코를 3코 잡는다.
원형 2단: 모두 겉뜨기 (3코)
원형 3단: 2코 겉뜨기, m1, 1코 겉뜨기 (4코)
원형 4단: 모두 겉뜨기 (4코)
원형 5단: 1코 겉뜨기, m1, 3코 겉뜨기 (5코)
원형 6단: 2코 겉뜨기, m1, 2코 겉뜨기, m1, 1코 겉뜨기 (7코)
원형 7단: 모두 겉뜨기 (7코)
원형 8단: 모두 겉뜨기 (7코)
원형 9단: m1, 7코 겉뜨기. 바늘 1개만으로는 다루기 힘들다고 생각하면, 코를 바늘 2개에 나누어 담는다. (8코)
원형 10~13단: 모두 겉뜨기 (8코)
원형 14단: 4코 겉뜨기, m1, 4코 겉뜨기 (9코)
원형 15~17단: 모두 겉뜨기 (9코)
원형 18단: 2코 모아 겉뜨기, 7코 겉뜨기 (8코)
원형 19단: 모두 겉뜨기 (8코)
원형 20단: 3코 겉뜨기, 2코 모아 겉뜨기, 3코 겉뜨기 (7코)
원형 21단: 2코 모아 겉뜨기, 5코 겉뜨기 (6코)
원형 22단: 2코 겉뜨기, 2코 모아 겉뜨기, 2코 겉뜨기 (5코)
원형 23단: 모두 겉뜨기 (5코)
원형 24단: 모두 겉뜨기 (5코)
원형 25단: 2코 모아 겉뜨기, 3코 겉뜨기 (4코)
26단: 여기서부터 단뜨기를 한다. 편물을 돌린 다음 [1코 겉뜨기, 1코 안뜨기] 2회 (4코)
27단: [1코 겉뜨기, 1코 안뜨기] 2회 (4코)
28단: kfb, 1코 안뜨기, 1코 겉뜨기, kfb (6코)
29단: 코를 마무리한다.

지느러미 (2개 만든다)
1단: 시작코를 2코 잡는다.
2단: kfb 2회 (4코)
3단: 코를 마무리한다.

붙이기

돗바늘로 지느러미를 몸통에 이어 붙인다. 노란색 털실을 사용하여 스위스 다닝 스티치로 줄무늬를 수놓는다. 눈동자는 비즈를 달거나 프렌치 노트 스티치를 놓아 만들고, 노란색 털실로 눈동자 둘레를 감아 강조한다.

15 대바늘뜨기 단순한 말미잘

완성작 보기 ▶ 27쪽

실: 병태사

바늘: 양끝이 뾰족한 대바늘 3개

뜨는 방법

원형 1단: 시작코를 12코 잡는다.

원형 2~9단: 모두 겉뜨기 (12코)

원형 10단: [촉수를 만들려면, 다음 코에서 겉뜨기로 시작코를 10코 잡은 후 겉뜨기로 10코를 마무리한다. (첫 번째 촉수와 같은 코에서) 겉뜨기로 시작코를 8코 잡고 겉뜨기로 9코를 마무리한다.] 12회

촉수 한 개를 완성하고 나면, 그 전 촉수를 만들고 바늘에 남은 코를 방금 만든 촉수 위로 끌어온다. 이렇게 하면 새로운 촉수를 시작할 때마다 작업하는 바늘에는 항상 코가 한 개만 남게 된다. 코를 마무리한 다음, 말미잘의 입이 벌어지지 않도록 털실로 약간 조인다.

16 대바늘뜨기 화려한 말미잘

완성작 보기 ▶ 27쪽

실: 중세사 자주색, 청록색

바늘: 양끝이 뾰족한 대바늘 3개

뜨는 방법

원형 1단: 자주색 실로 시작코를 12코 잡는다.

원형 2~9단: 모두 겉뜨기 (12코)

원형 10단: [촉수를 만들려면, 다음 코에서 겉뜨기로 시작코를 12코 잡은 후, 겉뜨기로 13코를 마무리한다. 다음 코에서 겉뜨기로 시작코를 9코 잡은 후, 겉뜨기로 10코를 마무리한다(단, 앞의 촉수를 만들고 남은 코는 작업하는 바늘에 그대로 남겨둔다).] 6회

원형 11단: 청록색 실로 [다음 코에서 겉뜨기로 시작코를 10코 잡은 후, 11코를 마무리한다. 다음 코에서 겉뜨기로 시작코를 7코 잡은 후, 8코를 마무리한다] 6회. 앞서 10단에서 한 것과는 달리, 촉수 한 개를 완성하고 나면, 그 전 촉수를 만들고 바늘에 남은 코를 방금 만든 촉수 위로 끌어온다. 이렇게 하면 새로운 촉수를 시작할 때마다 작업하는 바늘에는 항상 코가 한 개만 남게 된다. 코를 마무리한다.

17 고둥 껍데기
완성작 보기 ▶ 26쪽

실: 100% 모 병태사 (가능하면 펠팅 처리된 것)
바늘: 양끝이 뾰족한 대바늘 2개 이상
부재료: 돗바늘

뜨는 방법

알아두기: 이 디자인에는 펠팅할 수 있는 모사를 사용하는 것이 중요합니다. 일반 털실의 재질은 (특히 촘촘하게 짰을 때) 고둥 껍데기의 감긴 모양을 나타내기 어렵기 때문입니다.
처음 시작할 때는 겉뜨기도 끈 뜨기를 하고, 필요에 따라 바늘을 추가하세요.

원형 1단: 시작코를 2코 잡는다.
원형 2단: 2코 겉뜨기
원형 3단: 2코 겉뜨기
원형 4단: 1코 겉뜨기, m1, 1코 겉뜨기 (3코)
원형 5단: 3코 겉뜨기
원형 6단: 3코 겉뜨기
원형 7단: 2코 겉뜨기, m1, 1코 겉뜨기 (4코)
원형 8단: 4코 겉뜨기
원형 9단: 4코 겉뜨기
원형 10단: 1코 겉뜨기, m1, 3코 겉뜨기 (5코)
원형 11단: 5코 겉뜨기
원형 12단: 5코 겉뜨기
원형 13단: 3코 겉뜨기, m1, 2코 겉뜨기 (6코)
원형 14단: 6코 겉뜨기
원형 15단: 2코 겉뜨기, m1, 4코 겉뜨기 (7코)
원형 16단: 7코 겉뜨기
원형 17단: 6코 겉뜨기, m1, 1코 겉뜨기 (8코)
원형 18단: 8코 겉뜨기
원형 19단: 1코 겉뜨기, m1, 7코 겉뜨기 (9코)
원형 20단: 9코 겉뜨기
원형 21단: 9코 겉뜨기
실을 길게 남기며 코를 마무리한다.

붙이기
편물을 세게 비벼서 펠트 느낌이 나게 만든다. 이렇게 하면 고둥 껍데기를 완성했을 때 소라 모양이 분명하게 나타난다. 원하는 모양대로 편물을 말아서 형태를 잡은 다음, 길게 남겨둔 실로 꿰매어 모양을 고정시킨다.

| 겉뜨기
| 시작코
M m1

18 갑오징어
완성작 보기 ▶ 26쪽

실: 그러데이션된 중세사
바늘: 2호 대바늘 2개 이상
부재료: 돗바늘, 솜, 구멍 2개짜리 단추 2개, 눈 만들 때 사용할 대비되는 색상의 실

뜨는 방법

알아두기: 촉수는 끈 뜨기로 만드는데, 중간에 몇몇 코를 걸러 뜨는 방법으로 촉수의 유연하게 구부러지는 성질을 표현합니다. 몸통은 단뜨기로 평면 2장을 만들어 붙입니다.

몸통 (2개 만든다)
겉면은 홀수 단, 안면은 짝수 단이다.
1단: 시작코를 4코 잡는다.
2단: 모두 안뜨기 (4코)
3단: kfb, 2코 겉뜨기, kfb (6코)
4단: 모두 안뜨기 (6코)
5단: kfb, 4코 겉뜨기, kfb (8코)
6단: 모두 안뜨기 (8코)
7단: kfb, 6코 겉뜨기, kfb (10코)
8단: 모두 안뜨기 (10코)
9단: 3코 겉뜨기, m1, 4코 겉뜨기, m1, 3코 겉뜨기 (12코)
10단: 모두 안뜨기 (12코)
11단: kfb, 10코 겉뜨기, kfb (14코)
12단: 모두 안뜨기 (14코)
13단: 3코 겉뜨기, m1, 8코 겉뜨기, m1, 3코 겉뜨기 (16코)
14단: 모두 안뜨기 (16코)
15단: kfb, 14코 겉뜨기, kfb (18코)
16단: 모두 안뜨기 (18코)
17단: 3코 겉뜨기, m1, 12코 겉뜨기, m1, 3코 겉뜨기 (20코)
18단: 모두 안뜨기 (20코)
19단: 모두 겉뜨기 (20코)
20단: 모두 안뜨기 (20코)
21단: 모두 겉뜨기 (20코)
22단: 모두 안뜨기 (20코)
23단: 모두 겉뜨기 (20코)
24단: 모두 안뜨기 (20코)
25단: 3코 겉뜨기, ssk, 10코 겉뜨기, 2코 모아 겉뜨기, 3코 겉뜨기 (18코)
26단: 모두 안뜨기 (18코)
27단: ssk, 14코 겉뜨기, 2코 모아 겉뜨기 (16코)
28단: 모두 안뜨기 (16코)
29단: ssk, 1코 겉뜨기, ssk, 6코 겉뜨기, 2코 모아 겉뜨기, 1코 겉뜨기, 2코 모아 겉뜨기 (12코)
30단: 모두 안뜨기 (12코)
31단: ssk, 1코 겉뜨기, ssk, 2코 겉뜨기, 2코 모아 겉뜨기, 1코 겉뜨기, 2코 모아 겉뜨기 (8코)
32단: 모두 안뜨기 (8코)
코를 마무리한다.

위쪽 촉수
첫 번째 조각에서 도안의 별표* 표시된 부분에 4개를 만든다 (2코에 촉수 1개를 만든다). 끈 뜨기로 뜬다.
원형 1단: m1, 1코 겉뜨기, m1, 1코 겉뜨기 (4코)
원형 2단: 모두 겉뜨기 (4코)
원형 3단: 모두 겉뜨기 (4코)
원형 4단: 1코 걸러뜨기, 2코 겉뜨기, 1코 걸러뜨기 (4코)
원형 5단: 모두 겉뜨기 (4코)
원형 6단: 1코 걸러뜨기, 2코 겉뜨기, 1코 걸러뜨기 (4코)
원형 7단: 모두 겉뜨기 (4코)
원형 8단: 1코 걸러뜨기, 2코 겉뜨기, 1코 걸러뜨기 (4코)
원형 9단: 모두 겉뜨기 (4코)
원형 10단: 모두 겉뜨기 (4코)
원형 11단: 모두 겉뜨기 (4코)
원형 12단: 모두 겉뜨기 (4코)
원형 13단: ssk, 2코 모아 겉뜨기 (2코)
코를 마무리한다.

아래쪽 촉수
두 번째 몸통 조각의 별표* 표시된 부분에 만든다. 끈 뜨기로 뜬다.
원형 1단: m1, 1코 겉뜨기, m1, 1코 겉뜨기 (4코)
원형 2단: 모두 겉뜨기 (4코)
원형 3단: 모두 겉뜨기 (4코)
원형 4단: 1코 겉뜨기, 2코 걸러뜨기, 1코 겉뜨기 (4코)
원형 5단: 모두 겉뜨기 (4코)
원형 6단: 1코 겉뜨기, 2코 걸러뜨기, 1코 겉뜨기 (4코)
원형 7단: 모두 겉뜨기 (4코)
원형 8단: 1코 겉뜨기, 2코 걸러뜨기, 1코 겉뜨기 (4코)
원형 9단: 모두 겉뜨기 (4코)
원형 10단: 모두 겉뜨기 (4코)
원형 11단: 모두 겉뜨기 (4코)
원형 12단: 모두 겉뜨기 (4코)
원형 13단: ssk, 2코 모아 겉뜨기 (2코)
코를 마무리한다.

붙이기
몸통 조각의 안면끼리 서로 맞닿게 하여 2장을 겹친 다음, 입 옆에서 시작하여 가장자리를 꿰매 이어 붙인다. 1cm 정도 바느질한 후, 점차 몸통 안쪽으로 꿰매어간다. 이렇게 만들어진 솔기 부분은 지느러미가 된다. 꼬리에 도달할 즈음에는 양옆에서 1cm 정도 안으로 들어오게 한다. 그런 다음 반대편으로 넘어가서도 계속 바느질하는데, 점점 바깥쪽으로 꿰매어 한 바퀴 돌아 다시 입에 도달할 때쯤이면 편물의 가장자리 끝을 꿰매도록 한다. 몸통 속을 가볍게 채우고, 원한다면 천으로 솜을 살짝 가려준다. 구멍 2개짜리 단추를 달아 눈을 만드는데, 단추와 대조되는 색상의 실을 사용하여 갑오징어의 독특한 눈 농자를 표현한다.

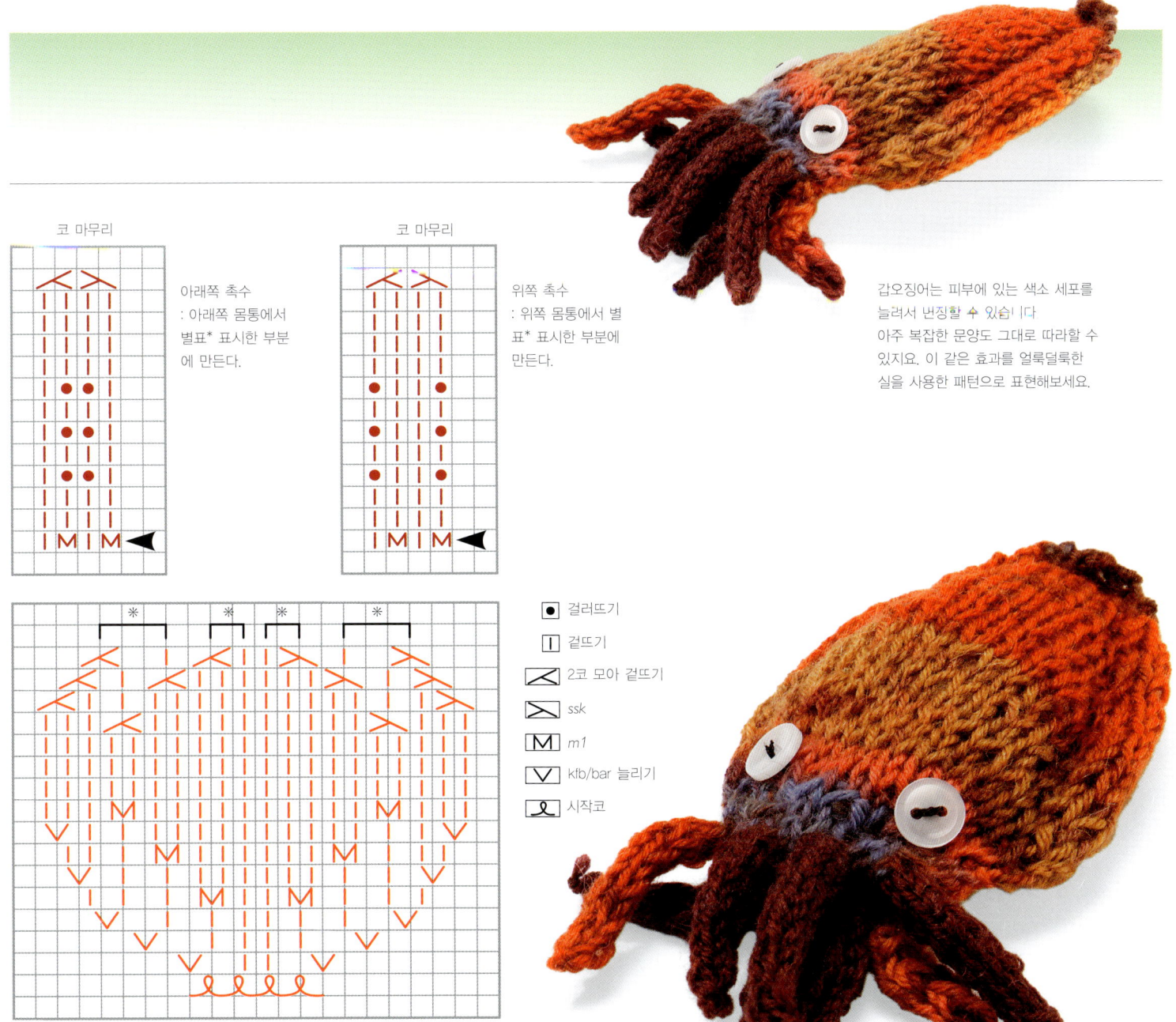

19 해파리

완성작 보기 ▶ 27쪽

실: 모 병태사 베이지색, 대나무 섬유사 분홍색
바늘: 양끝이 뾰족한 대바늘 4개
부재료: 코바늘

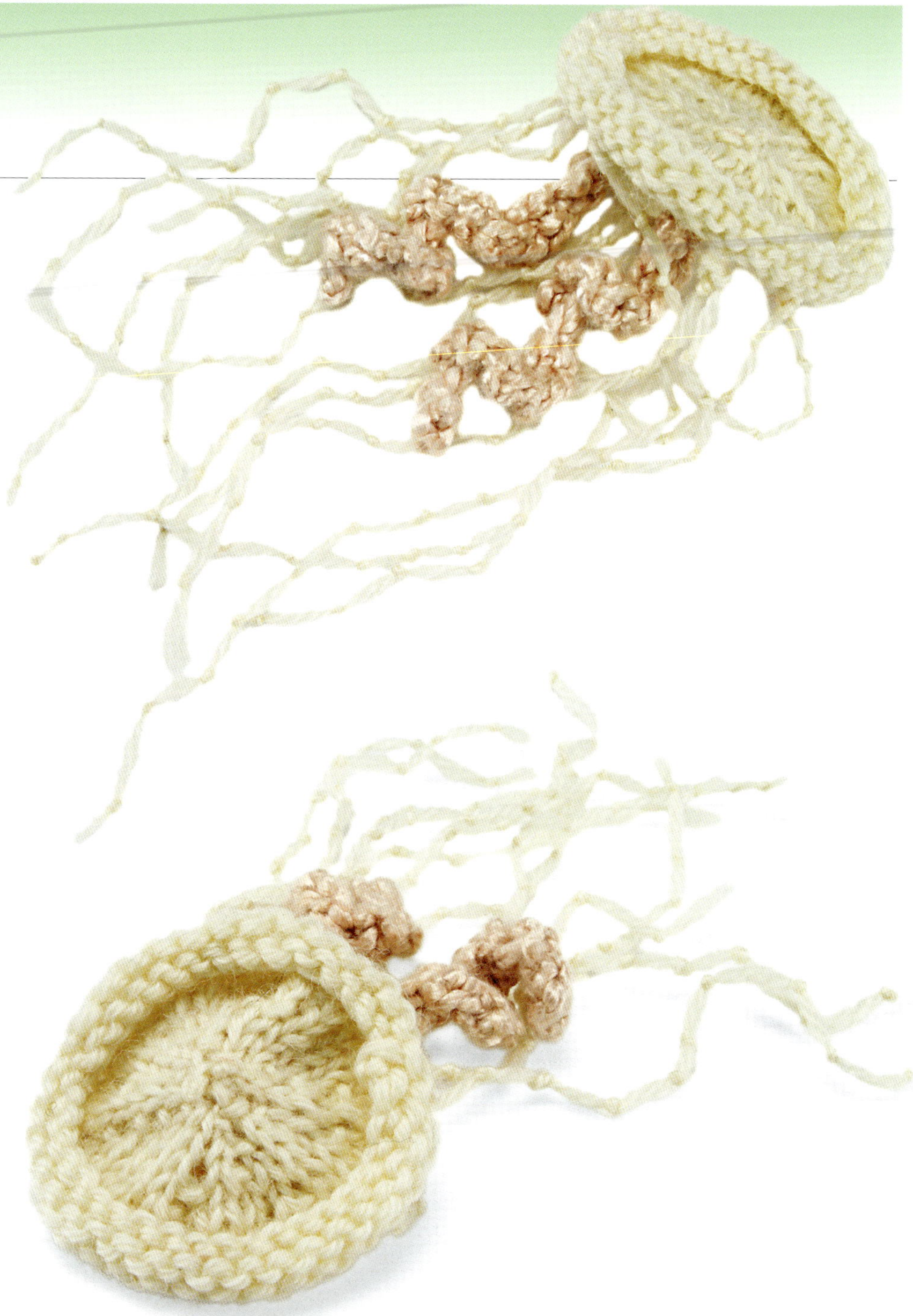

뜨는 방법

알아두기: 해파리의 갓을 만들고, 가운데 부분을 평평하게 다림질한 다음 작업을 계속 진행해도 됩니다.

갓 (1개 만든다)
원형 1단: 베이지색 실로 시작코를 1코 잡는다.
원형 2단: 같은 코 안에서 겉뜨기, 안뜨기, 겉뜨기 (3코)
원형 3단: 모두 kfb (6코)
원형 4단: 모두 kfb (12코)
원형 5단: [kfb, 2코 겉뜨기] 4회 (16코)
원형 6단: [kfb, 3코 겉뜨기] 4회 (20코)
원형 7단: [4코 겉뜨기, kfb] 4회 (24코)
원형 8단: [kfb, 3코 겉뜨기] 6회 (30코)
원형 9단: [4코 겉뜨기, kfb] 6회 (36고)
원형 10단: 모두 겉뜨기 (36코)
원형 11단: 모두 겉뜨기 (36코)
원형 12단: 모두 겉뜨기 (36코)
원형 13단: 모두 겉뜨기 (36코)
원형 14단: 겉뜨기로 코를 마무리한다.

짧은 촉수 (2개 만든다)
1단: 분홍색 대나무 섬유사로 시작코를 15코 잡는다.
2단: 모두 kfb, 이와 동시에 코를 마무리한다.

붙이기
짧은 촉수를 만들고 남긴 실을 이용하여 갓 안쪽 가운데 촉수를 붙인다. 긴 촉수를 만들려면, 베이지색 실을 56cm 길이로 6개 잘라둔다. 실 각각에 1.5cm 간격으로 매듭을 짓는다. 긴 촉수를 붙이려면, 갓의 안쪽 면 가장자리를 따라서 촉수를 끼워 넣어 늘어뜨린다. 가장자리를 돌며 일정한 간격으로 6개 모두 붙인다.

대바늘뜨기 디자인 | 57

20 에인절피시
완성작 보기 ▶ 26쪽

실: 아크릴 병태사 청록색, 인디고색
바늘: 양끝이 뾰족한 대바늘 4개
부재료: 돗바늘, 눈 만들 때 사용할 대비되는 색상의 실

뜨는 방법

알아두기: 이 물고기는 원형뜨기로 시작한 다음, 코를 전부 바늘 하나로 옮기고 단뜨기로 평면을 표현합니다.

몸통 (1개 만든다)
원형 1단: 청록색 실로 시작코를 3코 잡는다.
원형 2단: 1코 겉뜨기, m1, 2코 겉뜨기 (4코)
원형 3단: 2코 겉뜨기, m1, 2코 겉뜨기 (5코)
원형 4단: [2코 겉뜨기, m1] 2회, 1코 겉뜨기 (7코)
원형 5단: [2코 겉뜨기, m1] 3회, 1코 겉뜨기 (10코)
원형 6단: [3코 겉뜨기, m1] 3회, 1코 겉뜨기. 바늘 3개로 코를 나누어 담는다. (13코)
원형 7단: [4코 겉뜨기, m1] 3회, 1코 겉뜨기 (16코)
원형 8단: 인디고색 실로 [5코 겉뜨기, m1] 3회, 1코 겉뜨기 (19코)
원형 9단: [6코 겉뜨기, m1] 3회, 1코 겉뜨기 (22코)
원형 10단: 청록색 실로 [8코 겉뜨기, m1] 3회, 1코 겉뜨기 (28코)
원형 11단: 모두 겉뜨기 (28코)
원형 12단: 모두 겉뜨기 (28코)
원형 13단: 모두 겉뜨기 (28코)
원형 14단: 모두 겉뜨기 (28코)
원형 15단: 인디고색 실로 [6코 겉뜨기, m1] 4회, 3코 겉뜨기 (31코)
원형 16단: 모두 겉뜨기 (31코)
원형 17단: 모두 겉뜨기 (31코)
원형 18단: 청록색 실로 모두 겉뜨기 (31코)
원형 19단: 모두 겉뜨기 (31코)
원형 20단: [4코 겉뜨기, 2코 모아 겉뜨기] 5회, 1코 겉뜨기 (26코)
원형 21단: [4코 겉뜨기, 2코 모아 겉뜨기] 4회, 2코 겉뜨기 (22코)
원형 22단: [3코 겉뜨기, 2코 모아 겉뜨기] 4회, 2코 겉뜨기 (18코)
원형 23단: [2코 겉뜨기, 2코 모아 겉뜨기] 4회, 2코 겉뜨기 (14코)
원형 24단: [1코 겉뜨기, 2코 모아 겉뜨기] 4회, 2코 겉뜨기 (10코)
원형 25단: [3코 겉뜨기, 2코 모아 겉뜨기] 2회 (8코)
여기서부터는 코를 모두 바늘 한 개로 옮겨서 단뜨기한다(16쪽 대바늘뜨기, 알아두세요 참조)

26단: [1코 안뜨기, 1코 겉뜨기] 4회 (8코)
27단: [1코 안뜨기, 1코 겉뜨기] 4회 (8코)
28단: kfb, [1코 겉뜨기, 1코 안뜨기] 3회, kfb (10코)
29단: [1코 겉뜨기, 1코 안뜨기] 5회 (10코)
30단: [1코 겉뜨기, 1코 안뜨기] 5회 (10코)
31단: kfb, [1코 안뜨기, 1코 겉뜨기] 4회, kfb (12코)
32단: kfb, [1코 안뜨기, 1코 겉뜨기] 5회, kfb (14코)
33단: 인디고색 실로 kfb, [1코 안뜨기, 1코 겉뜨기] 6회, kfb (16코)
34단: 코를 마무리한다.

등과 배지느러미 (2개 만든다)
1단: 인디고색 실로 시작코를 12코 잡는다.
2단: [1코 겉뜨기, 1코 안뜨기] 6회 (12코)
3단: [1코 겉뜨기, 1코 안뜨기] 4회, [2코 모아 겉뜨기] 2회 (10코)
4단: [1코 겉뜨기, 1코 안뜨기] 3회, [2코 모아 겉뜨기] 2회 (8코)
5단: [1코 겉뜨기, 1코 안뜨기] 2회, [2코 모아 겉뜨기] 2회 (6코)
6단: 1코 겉뜨기, 1코 안뜨기, [2코 모아 겉뜨기] 2회 (4코)
7단: [2코 모아 겉뜨기] 2회 (2코)
8단: 2코 모아 겉뜨기 (1코)
9단: 코를 마무리한다.

얇은 앞지느러미 (1개 만든다)
1단: 인디고색 실로 시작코를 24코 잡는다.
2단: 코를 마무리한다.

붙이기
얇은 앞지느러미를 몸통 앞쪽의 코에 끼워 넣어 양쪽으로 반씩 나오게 한 후 돗바늘로 꿰매어 고정시킨다. 등과 배지느러미도 각자의 위치에 이어 붙인다. 프렌치 노트 스티치로 눈을 만들고 눈 둘레를 대비되는 색상의 털실로 감아준다.

| 21 | **해초**
완성작 보기 ▶ 29쪽

실: 아크릴 병태사

뜨는 방법

알아두기: 이번 패턴은 온전히 시작코 잡기와 코 마무리하기 연습이라고 할 수 있습니다. 대바늘 뜨기의 시작코 잡기 방법을 이용합니다(16쪽 대바늘뜨기, 알아두세요 참조).

1단: 시작코를 25코 잡는다.
2단: 15코를 마무리하고 나머지 10코는 첫 번째 바늘에 남겨둔다.
3단: 시작코를 20코 잡는다.
4단: 15코를 마무리한다.
5단: 시작코를 15코 잡는다.
6단: 17코를 마무리한다.
7단: 시작코를 15코 잡는다.
8단: 20코를 마무리한다.
9단: 시작코를 15코 잡는다.
10단: 23코를 마무리한다.

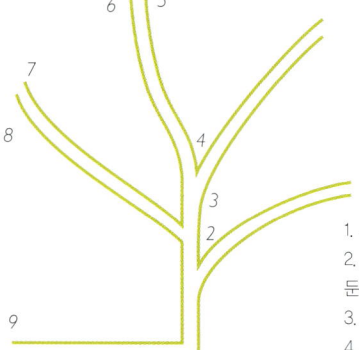

1. 시작코를 25코 잡는다.
2. 15코를 마무리하고 나머지 10코는 첫 번째 바늘에 남겨둔다.
3. 시작코를 20코 잡는다.
4. 15코를 마무리하고 5코는 남겨둔다.
5. 시작코를 15코 잡는다.
6. 17코를 마무리한다.
7. 시작코를 15코 잡는다.
8. 20코를 마무리한다.
9. 시작코를 15코 잡는다.
10. 23코를 마무리한다.

| 22 | **다시마 (큰 것과 작은 것)**
완성작 보기 ▶ 28쪽

실: 중세사

뜨는 방법

큰 다시마 잎

1단: 시작코를 60코 잡는다.
2단: 모두 안뜨기 (60코)
3단: [2코 모아 겉뜨기] 30회 (30코)
4단: 모두 안뜨기 (30코)
5단: 모두 안뜨기. 겉면에서 안뜨기를 하기 때문에 이번 단이 다시마의 중앙 잎맥이 된다. (30코)
6단: 모두 안뜨기 (30코)
7단: 1코 겉뜨기, [m1, 1코 겉뜨기] 29회 (59코)
8단: 모두 안뜨기 (59코)
9단: 겉뜨기로 코를 마무리한다.

작은 다시마 잎

1단: 시작코를 40코 잡는다.
2단: 모두 안뜨기 (40코)
3단: [2코 모아 겉뜨기] 20회 (20코)
4단: 모두 안뜨기 (20코)
5단: 모두 안뜨기. 겉면에서 안뜨기를 하기 때문에 이번 단이 다시마의 중앙 잎맥이 된다. (20코)
6단: 모두 안뜨기 (20코)
7단: 1코 겉뜨기, [m1, 1코 겉뜨기] 19회 (39코)
8단: 모두 안뜨기 (39코)
9단: 겉뜨기로 코를 마무리한다.

줄기

1단: 시작코를 15코 잡는다.
2단: 겉뜨기로 코를 마무리한다.

붙이기

다시마 잎 중앙의 잎맥과 이어지게 줄기를 붙인다. 들쭉날쭉한 모양이 되도록 스팀을 쐬거나 다리미로 눌러 모양을 잡아준다.

23 버튼폴립
완성작 보기 ▶ 28쪽

실: 아크릴 병태사 카키색, 겨자색

바늘: 양끝이 뾰족한 대바늘 2개

뜨는 방법

알아두기: 이 디자인은 원형뜨기로 만듭니다. 처음 시작할 때는 끈 뜨기를 하듯 (원형 한 단을 다 뜨면 코를 바늘의 반대쪽으로 밀어 옮기면서) 뜹니다.

버튼폴립 (대)

원형 1단: 카키색 실로 시작코를 1코 잡는다.
원형 2단: 같은 코에서 [1코 겉뜨기, 1코 안뜨기, 1코 겉뜨기]
원형 3단: 모두 겉뜨기 (3코)
원형 4단: 모두 kfb (6코)
원형 5단: 모두 겉뜨기 (6코)
원형 6단: 모두 kfb. 코를 바늘 3개로 나누어 담는다. (12코)
원형 7단: 모두 겉뜨기 (12코)
원형 8단: [kfb, 1코 겉뜨기] 6회 (18코)
원형 9단: 모두 겉뜨기 (18코)
원형 10단: [kfb, 2코 겉뜨기] 6회 (24코)
원형 11단: 코를 마무리한다.

버튼폴립 (중)
위에서 3단과 10단을 생략하고 뜬다.

버튼폴립 (소)
위에서 3단·5단·9단·10단을 생략하고 뜬다.

붙이기
겨자색 실로 버튼폴립 가운데에 프렌치 노트 스티치를 크게(바늘에 실을 2번 감는 대신 4~6번 감아서) 두 개 놓는다.

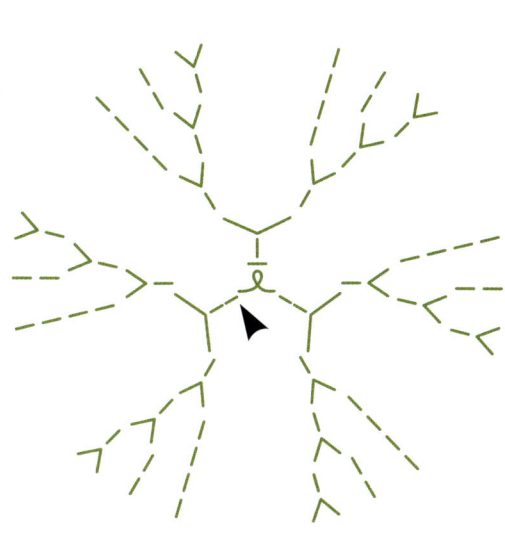

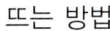	시작코
∣	겉뜨기
−	안뜨기
∨	kfb

24 작은 구멍쇠미역
완성작 보기 ▶ 29쪽

실: 아크릴 병태사

바늘: 양끝이 뾰족한 대바늘 2개

뜨는 방법

알아두기: 이 작품을 만들면서 레이스 장식 구멍 만들기 연습을 할 수 있습니다. 처음 10단은 3코 끈 뜨기로 시작합니다(17쪽 대바늘뜨기, 알아두세요 참조). 그런 다음 바늘에 남아 있는 코 3개로 아래에 설명되어 있는 단뜨기를 시작합니다. 홀수 단은 겉면이고 짝수 단은 안면입니다.

1단: 1코 겉뜨기, m1, 1코 겉뜨기, m1, 1코 겉뜨기 (5코)
2단: 모두 안뜨기 (5코)
3단: 1코 겉뜨기, [m1, 1코 겉뜨기] 4회 (9코)
4단: 모두 안뜨기 (9코)
5단: 1코 겉뜨기, yo, ssk, 1코 겉뜨기, [2코 모아 겉뜨기, yo] 2회, 1코 겉뜨기 (9코)
6단: 모두 안뜨기 (9코)
7단: 1코 겉뜨기, [yo, ssk] 2회, 2코 모아 겉뜨기, yo, 2코 겉뜨기 (9코)
8단: 모두 안뜨기 (9코)
9단: 2코 겉뜨기, yo, ssk, [2코 모아 겉뜨기, yo] 2회, 1코 겉뜨기 (9코)
10단: 모두 안뜨기 (9코)
11단: 1코 겉뜨기, [yo, ssk] 2회, 2코 모아 겉뜨기, yo, 2코 겉뜨기 (9코)
12단: 모두 안뜨기 (9코)
13단: ssk, yo, ssk, 1코 겉뜨기, 2코 모아 겉뜨기, yo, 2코 모아 겉뜨기 (7코)
14단: 모두 안뜨기 (7코)
15단: 1코 겉뜨기, yo, ssk, 1코 겉뜨기, 2코 모아 겉뜨기, yo, 1코 겉뜨기 (7코)
16단: 모두 안뜨기 (7코)
17단: ssk, yo, ssk, 1코 겉뜨기, 2코 모아 겉뜨기 (5코)
18단: 모두 안뜨기 (5코)
19단: [2코 모아 겉뜨기, yo] 2회, 1코 겉뜨기 (5코)
20단: 모두 안뜨기 (5코)
21단: ssk, 1코 겉뜨기, 2코 모아 겉뜨기 (3코)
22단: 모두 안뜨기 (3코)
23단: 모두 겉뜨기 (3코)
24단: 모두 안뜨기 (3코)
코를 마무리한다.

겉뜨기 | I
m1 | M
yo | O
2코 모아 겉뜨기 | ⋋
ssk | ⋌

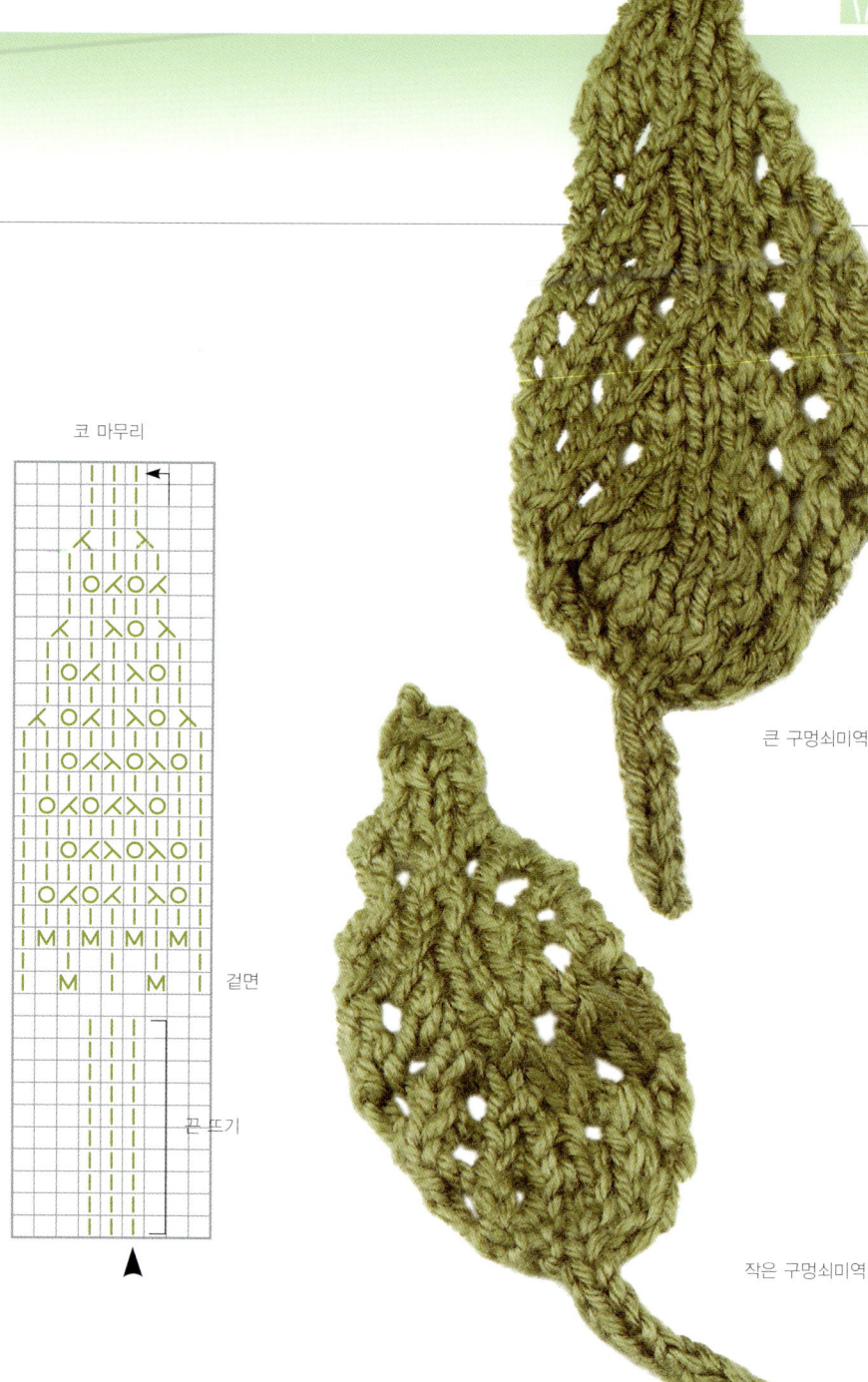

큰 구멍쇠미역

작은 구멍쇠미역

25 큰 구멍쇠미역
완성작 보기 ▶ 29쪽

실: 아크릴 병태사

바늘: 양끝이 뾰족한 대바늘 2개

뜨는 방법

알아두기: (다시 한 번) 레이스 장식 구멍 만들기를 연습할 기회입니다. 처음은 3코 끈 뜨기 10단으로 시작합니다(17쪽 16쪽 대바늘뜨기, 알아두세요 참조). 그런 다음 바늘에 남아 있는 코 3개로 평면 단뜨기를 시작합니다. 홀수 단은 겉면이고 짝수 단은 안면입니다.

1단: 1코 겉뜨기, m1, 1코 겉뜨기, m1, 1코 겉뜨기 (5코)
2단: 모두 안뜨기 (5코)
3단: 1코 겉뜨기, [m1, 1코 겉뜨기] 4회 (9코)
4단: 모두 안뜨기 (9코)
5단: [1코 겉뜨기, m1] 2회, yo, ssk, 1코 겉뜨기, 2코 모아 겉뜨기, yo, [m1, 1코 겉뜨기] 2회 (13코)
6단: 모두 안뜨기 (13코)
7단: 1코 겉뜨기, [yo, ssk] 2회, 3코 겉뜨기, [2코 모아 겉뜨기, yo] 2회, 1코 겉뜨기 (13코)
8단: 모두 안뜨기 (13코)
9단: 2코 겉뜨기, [yo, ssk] 2회, 1코 겉뜨기, [2코 모아 겉뜨기, yo] 2회, 2코 겉뜨기 (13코)
10단: 모두 안뜨기 (13코)
11단: 1코 겉뜨기, [yo, ssk] 2회, 3코 겉뜨기, [2코 모아 겉뜨기, yo] 2회, 1코 겉뜨기 (13코)
12단: 모두 안뜨기 (13코)
13단: 2코 겉뜨기, [yo, ssk] 2회, 1코 겉뜨기, [2코 모아 겉뜨기, yo] 2회, 2코 겉뜨기 (13코)
14단: 모두 안뜨기 (13코)
15단: 1코 겉뜨기, [yo, ssk] 2회, 3코 겉뜨기, [2코 모아 겉뜨기, yo] 2회, 1코 겉뜨기 (13코)
16단: 모두 안뜨기 (13코)
17단: ssk, [yo, ssk] 2회, 1코 겉뜨기, [2코 모아 겉뜨기, yo] 2회, 2코 모아 겉뜨기 (11코)
18단: 모두 안뜨기 (11코)
19단: 1코 겉뜨기, [yo, ssk] 2회, [2코 모아 겉뜨기, yo] 2회, 2코 겉뜨기 (11코)
20단: 모두 안뜨기 (11코)
21단: ssk, 1코 겉뜨기, yo, ssk, 1코 겉뜨기, 2코 모아 겉뜨기, yo, 1코 겉뜨기, 2코 모아 겉뜨기 (9코)
22단: 모두 안뜨기 (9코)
23단: 1코 겉뜨기, yo, ssk, 3코 겉뜨기, 2코 모아 겉뜨기, yo, 1코 겉뜨기 (9코)
24단: 모두 안뜨기 (9코)
25단: ssk, yo, ssk, 1코 겉뜨기, 2코 모아 겉뜨기, yo, 2코 모아 겉뜨기 (7코)
26단: 모두 안뜨기 (7코)
27단: 3코 겉뜨기, 2코 모아 겉뜨기, yo, 2코 겉뜨기 (7코)
28단: 모두 안뜨기 (7코)
29단: ssk, 3코 겉뜨기, 2코 모아 겉뜨기 (5코)
30단: 모두 안뜨기 (5코)
31단: 1코 겉뜨기, yo, ssk, 2코 겉뜨기 (5코)
32단: 모두 안뜨기 (5코)
33단: ssk, 1코 겉뜨기, 2코 모아 겉뜨기 (3코)
34단: 모두 안뜨기 (3코)
35단: 모두 안뜨기 (3코)
36단: 모두 안뜨기 (3코)
코를 마무리한다.

I	겉뜨기(겉면)/ 안뜨기
M	m1
O	yo
⋌	2코 모아 겉뜨기
⋋	ssk

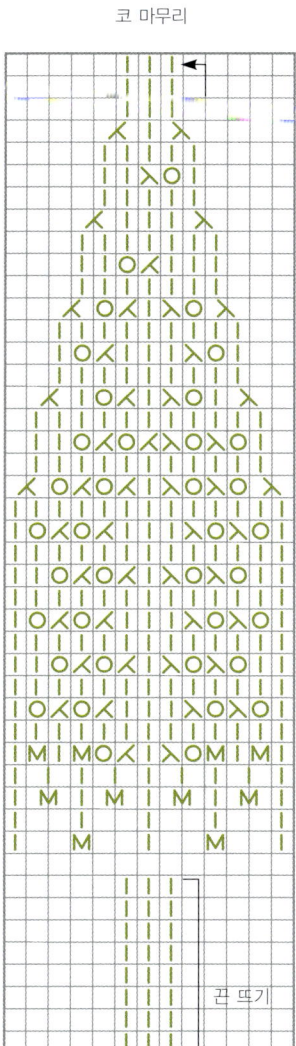

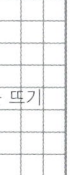

26 네레오키스티스

완성작 보기 ▶ 28쪽

실: 아크릴 병태사
바늘: 양끝이 뾰족한 대바늘 3개 이상
부재료: 솜 (선택사항)

뜨는 방법

알아두기: 원형뜨기로 시작한 다음, 단뜨기로 바꿔서 뜹니다(이때 코를 바늘에 나누는 법은 16쪽 대바늘뜨기, 알아두세요 참조).

원형 1~12단: 시작코를 3코 잡은 다음, 모두 겉뜨기해서 코 3개짜리 끈을 12단 뜬다(17쪽 대바늘뜨기, 알아두세요 참조).
원형 13단: [1코 겉뜨기, m1] 2회, 1코 겉뜨기 (5코)
원형 14단: [1코 겉뜨기, m1] 4회, 1코 겉뜨기. 바늘 2개에 코를 나눠 담는다. (9코)
원형 15단: [3코 겉뜨기, m1] 3회 (12코)
원형 16단: [2코 겉뜨기, m1] 6회 (18코)
원형 17단: 모두 겉뜨기 (18코)
원형 18단: 모두 겉뜨기 (18코)
원형 19단: [4코 겉뜨기, 2코 모아 겉뜨기] 3회 (15코)
원형 20단: 3코 겉뜨기, [2코 모아 겉뜨기] 6회 (9코)
원형 21단: 모두 겉뜨기 (9코)

코를 모두 바늘 한 개로 다시 옮겨서 단뜨기로 전환한다. 그러면서 몽우리를 오므리는데, 몽우리 형태를 유지하기 위해 안에 솜을 조금 넣어도 된다.
이제 바늘에는 코가 9개 남아 있다.
처음 코 2개에서 메리야스뜨기로 2코씩 24단을 뜬다 (겉뜨기 겉면, 안뜨기 안면).
코를 마무리한다.
그 다음 코 3개에서 메리야스뜨기로 3코씩 31단을 뜬다 (겉뜨기 겉면, 안뜨기 안면).
코를 마무리한다.
그 다음 코 2개에서 메리야스뜨기로 2코씩 30단을 뜬다 (겉뜨기 겉면, 안뜨기 안면).
코를 마무리한다.
마지막 코 2개에서 메리야스뜨기로 2코씩 18단을 뜬다 (겉뜨기 겉면, 안뜨기 안면).
코를 마무리한다.

27 블래더랙

완성작 보기 ▶ 29쪽

실: 면 병태사

뜨는 방법

알아두기: 이 디자인은 고리 만들기를 연습할 수 있는 기회가 됩니다. 자연스런 모습을 강조하기 위해, 고리를 다양한 크기로 만들어보세요.

고리 만들기

보통 하는 대로 바늘을 다음 코에 집어넣는다. 실을 코와 코 사이 앞으로 끌어와 왼쪽 엄지를 둘러 감고 다시 뒤로 보낸다. 그 다음 일반적인 방법대로 겉뜨기한다. 먼저 만든 코를 나중에 만든 코 위로 끌어올려, 작업하는 바늘에는 코가 하나만 남게 해서 마무리한다.

1단: 시작코를 16코 잡는다.
2단: 고리 만들기 16회
3단: 16코 안뜨기
4~16단: 2단과 3단을 7회 더 반복한다.

28 대바늘뜨기 뇌석산호
완성작 보기 ▶ 30쪽

실: 병태사 청록색, 라임색, 자홍색, 연분홍색
바늘: 양끝이 뾰족한 대바늘 4개
부재료: 돗바늘

뜨는 방법

큰 뇌석산호

몸통
원형 1단: 청록색 실로 시작코를 3코 잡는다.
원형 2단: 모두 kfb (6코)
원형 3단: 모두 kfb (12코)
원형 4단: [kfb, 1코 겉뜨기] 6회 (18코)
원형 5단: [kfb, 2코 겉뜨기] 6회 (24코)
원형 6단: [kfb, 3코 겉뜨기] 6회 (30코)
원형 7단: [kfb, 4코 겉뜨기] 6회 (36코)
원형 8단: 모두 겉뜨기 (36코)
원형 9단: 모두 겉뜨기 (36코)
원형 10단: 모두 겉뜨기 (36코)
원형 11단: 모두 겉뜨기 (36코)
원형 12단: 모두 겉뜨기 (36코)
원형 13단: 코를 마무리한다.

장식
원형 1단: 라임색 실로 시작코를 2코 잡는데, 실 끝은 아주 길게 남겨둔다. 이 실은 장식을 몸통에 이어 붙일 때 사용한다.
원형 2단: 끈 뜨기로 120cm 길이를 뜬다. 코를 마무리하지 않는다.

붙이기
몸통을 뒤집어 안뜨기를 한 면이 보이게 한다. 장식을 뜨기 시작하면서 남겨둔 긴 실과 돗바늘로 장식을 몸통에 꿰매어 붙여 미로처럼 복잡한 무늬를 만든다. 장식으로 몸통 전체를 다 덮었으면, 남은 장식은 다시 풀고 끝의 코를 마무리한다. 눈에 보이는 실 끝은 모두 몸통 아래쪽으로 넣어 보이지 않게 한다.

작은 뇌석산호

자홍색과 연분홍색 병대사를 사용한다. 앞서 몸통을 만들 때의 원형 7단과 8단을 생략한다. 그러면 나머지 단에는 코가 30코만 남는다. 이렇게 크기가 작아지므로 장식도 90cm만 필요하게 된다.

29 어릿광대망둥이
완성작 보기 ▶ 31쪽

실: 합태사
바늘: 양끝이 뾰족한 대바늘 3개
부재료: 솜, 오렌지색 중세사, 포니비즈, 검은색 펠트, 바느질용 실과 바늘

뜨는 방법

원형 1단: 시작코를 3코 잡는다.
원형 2단: 모두 ktb (6코)
원형 3단: [1코 겉뜨기, ktb] 3회 (9코)
원형 4단: [2코 겉뜨기, ktb] 3회 (12코)
원형 5단: 모두 겉뜨기 (12코)
원형 6단: [5코 겉뜨기, ktb] 2회 (14코)
원형 7단: 모두 겉뜨기 (14코)
원형 8단: 모두 겉뜨기 (14코)
원형 9단: 모두 겉뜨기 (14코)
원형 10단: 모두 겉뜨기 (14코)
원형 11단: 모두 겉뜨기 (14코)
원형 12단: 모두 겉뜨기 (14코)
원형 13단: 모두 겉뜨기 (14코)
원형 14단: [5코 겉뜨기, 2코 모아 겉뜨기] 2회 (12코)
원형 15단: 모두 겉뜨기 (12코)
원형 16단: 모두 겉뜨기 (12코)
원형 17단: 모두 겉뜨기 (12코)
원형 18단: [2코 모아 겉뜨기, 4코 겉뜨기] 2회 (10코)
원형 19단: 모두 겉뜨기 (10코)
원형 20단: 모두 겉뜨기 (10코)
원형 21단: [2코 모아 겉뜨기, 3코 겉뜨기] 2회 (8코)
원형 22단: 모두 겉뜨기 (8코)
원형 23단: 모두 겉뜨기 (8코)
여기서 물고기 몸통 속을 솜으로 채운다.
원형 24단: [2코 겉뜨기, 2코 모아 겉뜨기] 2회 (6코)
원형 25단: 모두 겉뜨기 (6코)
원형 26단: 모두 겉뜨기 (6코)
원형 27단: [2코 모아 겉뜨기] 3회 (3코)
원형 28단: 겉뜨기로 코를 마무리한다.

붙이기

지느러미와 꼬리 두 개. 눈 밑에 붙일 작은 동그라미 두 개를 펠트에서 오려낸다. 바느질용 실과 바늘을 사용해 오렌지색 털실을 카우치 스티치로 수놓아 몸통에 줄무늬를 표현한다. 실 끝은 나중에 펠트 꼬리를 붙이면 가려지므로 눈에 띌 염려가 없다. 그런 다음, 포니비즈를 펠트 위에 얹고 몸통에 꿰매어 붙여 눈을 만든다. 이어서 지느러미를 붙이고, 꼬리를 붙여 오렌지색 털실 끝의 남는 부분을 가려준다.

35 흰긴수염고래
완성작 보기 ▶ 35쪽

실: 병태사
바늘: 양끝이 뾰족한 대바늘 3개
부재료: 돗바늘 또는 코바늘, 자수용 바늘, 검은색 자수용 실, 비즈용 실과 바늘, 시드비즈, 펠트, 솜

뜨는 방법

알아두기: 몸통은 원형뜨기로, 지느러미는 단뜨기로 뜹니다.

몸통
원형 1단: 시작코를 1코 잡는다.
원형 2단: kfb, 같은 코에서 겉뜨기 (3코)
원형 3단: 1코 겉뜨기, kfb, 1코 겉뜨기 (4코)
원형 4단: 1코 겉뜨기, kfb 2회, 1코 겉뜨기 (6코)
원형 5단: 2코 겉뜨기, kfb 2회, 2코 겉뜨기 (8코)
원형 6단: 3코 겉뜨기, kfb 2회, 3코 겉뜨기 (10코)
원형 7단: 모두 겉뜨기 (10코)
원형 8단: 4코 겉뜨기, kfb 2회, 4코 겉뜨기 (12코)
원형 9단: 모두 겉뜨기 (12코)
원형 10단: 5코 겉뜨기, kfb 2회, 5코 겉뜨기 (14코)
원형 11~19단: 모두 겉뜨기 (14코)
원형 20단: 5코 겉뜨기, ssk, 2코 모아 겉뜨기, 5코 겉뜨기 (12코)
원형 21단: 모두 겉뜨기 (12코)
원형 22단: 모두 겉뜨기 (12코)
원형 23단: 4코 겉뜨기, ssk, 2코 모아 겉뜨기, 4코 겉뜨기 (10코)
원형 24단: 모두 겉뜨기 (10코)
원형 25단: 모두 겉뜨기 (10코)
원형 26단: 3코 겉뜨기, ssk, 2코 모아 겉뜨기, 3코 겉뜨기 (8코)
여기서 몸통 속을 솜으로 채운다.
원형 27단: 모두 겉뜨기 (8코)
원형 28단: 모두 겉뜨기 (8코)
원형 29단: 2코 겉뜨기, ssk, 2코 모아 겉뜨기, 2코 겉뜨기 (6코)
원형 30단: 모두 겉뜨기 (6코)
원형 31단: 모두 겉뜨기 (6코)
원형 32단: 모두 겉뜨기 (6코)
원형 33단: 모두 겉뜨기 (6코)
원형 34단: 1코 겉뜨기, ssk, 2코 모아 겉뜨기, 1코 겉뜨기 (4코)
원형 35단: ssk, 2코 모아 겉뜨기 (2코)
원형 36단: 겉뜨기로 코를 마무리한다.

옆지느러미 (2개 만든다)
1단: 시작코를 2코 잡는다.
2단: 모두 안뜨기 (2코)
3단: 1코 겉뜨기, m1, 1코 겉뜨기 (3코)
4단: 모두 안뜨기 (3코)
5단: 1코 겉뜨기, m1, 2코 겉뜨기 (4코)
6단: 모두 안뜨기 (4코)
7단: 2코 겉뜨기, 2코 모아 겉뜨기 (3코)
8단: 모두 안뜨기 (3코)
9단: 1코 겉뜨기, 2코 모아 겉뜨기 (2코)
10단: 안뜨기로 코를 마무리하며 실 끝을 길게 남겨 몸통에 붙일 때 사용한다.

꼬리지느러미 (2개 만든다)
1단: 시작코를 2코 잡는다.
2단: 모두 안뜨기 (2코)
3단: 모두 안뜨기 (2코)
4단: 모두 안뜨기 (2코)
5단: 모두 안뜨기 (2코)
6단: 모두 안뜨기 (2코)
7단: 겉뜨기로 코를 마무리하며 실 끝을 길게 남겨 몸통에 붙일 때 사용한다.

붙이기
지느러미를 만들고 남겨둔 실을 돗바늘이나 코바늘에 꿰어 지느러미를 몸통에 붙인다. 자수용 바늘에 검은색 자수용 실을 꿰어 입을 만든다. 콩알 크기의 작은 원을 펠트에서 오려내어 그 위에 시드비즈를 놓고 몸통에 잘 고정되도록 바느질한다. 이렇게 하면 비즈가 편물 안으로 끌려들어가지 않는다. 비즈용 바늘로 비즈와 펠트를 적당한 위치에 꿰매어 붙여 눈을 만들고, 가능하면 비즈의 구멍이 동공처럼 보이도록 비즈를 돌려서 자리를 잡는다.

36 바다거북

완성작 보기 ▶ 34쪽

실: 병태사 암녹색, 갈색
바늘: 양끝이 뾰족한 대바늘 4개
부재료: 연두색 털실, 돗바늘, 검은색 자수용 실, 자수용 바늘

뜨는 방법

알아두기: 이 바다거북을 완성하려면, 먼저 거북이 등껍질 2개와 다리 2쌍, 머리/꼬리를 만들어야 합니다. 그런 다음 한쪽 등껍질 위에 문양을 수놓습니다. 껍질 안쪽에 들어갈 다리와 머리/꼬리 부분을 서로 엇갈리게 하여 가운데를 꿰맬 때에도 같은 털실을 사용합니다. 마지막으로, 등껍질을 꿰매어 몸통이 모두 봉해지도록 합니다. 대개 코를 겉뜨기로 개별적 마무리했던 것과는 달리, 이번에 등껍질을 뜨는 동안에는 마지막 단을 뜰 때 코를 마무리하게 될 것입니다. ktb 후에 코를 마무리할 때 보면, 등껍질 가장자리에 뾰족한 부분 6개가 만들어져 있을 것입니다.

등껍질 (2개 만든다)

원형 1단: 암녹색 실로 시작코를 3코 잡는다.
원형 2단: 모두 ktb (6코)
원형 3단: 모두 ktb (12코)
원형 4단: [ktb, 2코 겉뜨기] 4회 (16코)
원형 5단: [3코 겉뜨기, ktb] 4회 (20코)
원형 6단: [ktb, 4코 겉뜨기] 4회 (24코)
원형 7단: [3코 겉뜨기, ktb] 6회 (30코)
원형 8단: [ktb, 4코 겉뜨기] 6회 (36코)
원형 9단: 코를 마무리하며 [5코 겉뜨기, ktb] 6회

다리 (2개 만든다)

원형 1단: 갈색 실로 시작코를 2코 잡는다.
원형 2단: 모두 겉뜨기 (2코)
원형 3단: ktb, 1코 겉뜨기 (3코)
원형 4단: 모두 겉뜨기 (3코)
원형 5단: ktb, 2코 겉뜨기 (4코)
원형 6~16단: 모두 겉뜨기 (4코)
원형 17단: 2코 모아 겉뜨기, 2코 겉뜨기 (3코)
원형 18단: 모두 겉뜨기 (3코)
원형 19단: 2코 모아 겉뜨기, 1코 겉뜨기 (2코)
원형 20단: 모두 겉뜨기 (2코)
원형 21단: 코를 마무리한다.

머리/꼬리 (1개 만든다)

원형 1단: 갈색 실로 시작코를 3코 잡는다.
원형 2단: 모두 ktb (6코)
원형 3~10단: 모두 겉뜨기 (6코)
원형 11단: 2코 모아 겉뜨기, 4코 겉뜨기 (5코)
원형 12단: 모두 겉뜨기 (5코)
원형 13단: 2코 모아 겉뜨기, 3코 겉뜨기 (4코)
원형 14~23단: 모두 겉뜨기 (4코)
원형 24단: 2코 모아 겉뜨기, 2코 겉뜨기 (3코)
원형 25단: 모두 겉뜨기 (3코)
원형 26단: 2코 모아 겉뜨기, 2코 겉뜨기 (2코)
원형 27단: 모두 겉뜨기 (2코)
원형 28단: 코를 마무리한다.

붙이기

등껍질 2개 중 하나의 겉면에 연두색 털실로 무늬를 수놓는다. 같은 실로 다리와 머리/꼬리 조각을 가운데를 중심으로 대칭이 되게 꿰매어, 마치 꼬치를 꽂는 것처럼 돗바늘에 이 조각들을 꿰어 대칭이 되게 붙인다. 그런 다음 등껍질 2개의 가장자리를 돌아가며 꿰매어 이어 붙이는데, 다리를 지날 때는 위로 통과하거나 둘러서 바느질해준다. 연두색 털실로 머리에 눈두덩을 만들고, 검은색 자수용 실로 프렌치 노트 스티치를 놓아 눈동자를 마무리한다.

대바늘뜨기 디자인 | 71

37 대왕오징어
완성작 보기 ▶ 35쪽

실: 병태사
바늘: 양끝이 뾰족한 대바늘 3개
부재료: 돗바늘, 흰색과 검은색 털실

뜨는 방법

몸통
원형 1단: 시작코를 3코 잡는다.
원형 2단: 모두 겉뜨기 (3코)
원형 3단: 1코 겉뜨기, m1, 2코 겉뜨기 (4코)
원형 4단: m1, 4코 겉뜨기 (5코)
원형 5단: 2코 겉뜨기, m1, 3코 겉뜨기 (6코)
원형 6단: 6코 겉뜨기, m1 (7코)
원형 7단: 4코 겉뜨기, m1, 3코 겉뜨기 (8코)
원형 8단: m1, 8코 겉뜨기 (9코)
원형 9단: 8코 겉뜨기, m1, 1코 겉뜨기 (10코)
원형 10단: 5코 겉뜨기, m1, 5코 겉뜨기 (11코)
원형 11단: 1코 겉뜨기, m1, 10코 겉뜨기 (12코)
원형 12단: 모두 겉뜨기 (12코)
원형 13단: 5코 겉뜨기, 2코 모아 겉뜨기, 5코 겉뜨기 (11코)
원형 14단: 2코 모아 겉뜨기, 9코 겉뜨기 (10코)
원형 15단: 4코 겉뜨기, 2코 모아 겉뜨기, 4코 겉뜨기 (9코)
원형 16단: 2코 모아 겉뜨기, 7코 겉뜨기 (8코)
원형 17단: 모두 겉뜨기 (8코)
원형 18단: 모두 겉뜨기 (8코)
원형 19단: 모두 겉뜨기 (8코). 겉뜨기로 코를 마무리한다.

긴 촉수
몸통의 마지막 단에서 2개를 뜨는데, 서로 정반대 위치에 있게 한다.
원형 1~15단: 코 1개짜리 끈을 길이가 6cm가 될 때까지 뜬다.
원형 16단: kfb (2코)
원형 17~21단: 5단 모두 겉뜨기 (2코). 겉뜨기로 코를 마무리한다.

짧은 촉수
몸통 마지막 단에서 긴 촉수를 뜨고 남은 6코에 각각 1개씩 뜬다.
원형 1~15단: 코 1개짜리 끈을 길이가 6cm가 될 때까지 뜬다.

붙이기
돗바늘에 검은색 털실을 꿰어 프렌치 노트 스티치를 두 번 놓아 눈을 만든다. 눈 둘레를 흰색 털실로 감고 몇 땀을 떠서 제 위치에 고정시킨다.

최근에 들어서야 카메라에 포착되기 시작한 심해 대왕오징어는 길이가 12m 이상 자란다고 합니다.
살아 있는 심해 대왕오징어를 잡은 사람은 아직 없습니다.

38 물고기 떼
완성작 보기 ▶ 35쪽

실: 합태사
바늘: 양끝이 뾰족한 대바늘 2개
부재료: 비즈용 실과 바늘, 시드비즈

뜨는 방법
끈 뜨기를 변형한 방법을 주로 사용합니다.

원형 1단: 시작코를 1코 잡는다.
원형 2단: 같은 코에서 [kfb, 겉뜨기] (3코)
원형 3단: 모두 kfb (6코)
원형 4단: 모두 겉뜨기 (6코)
원형 5단: 모두 겉뜨기 (6코)
원형 6단: 모두 겉뜨기 (6코)
원형 7단: 2코 모아 겉뜨기, 2코 겉뜨기, 2코 모아 겉뜨기 (4코)
원형 8단: 2코 모아 겉뜨기 2회 (2코)
여기서 편물을 돌린다. 마지막 단이 꼬리가 되며, 이 부분은 단뜨기를 한다.
9단: kfb 2회 (4코)
10단: 코를 마무리한다.

붙이기
비즈용 바늘로 시드비즈를 달아서 눈을 만든다. 비즈의 구멍이 마치 동공처럼 보이도록 방향을 잡아준다.

39 아기돼지오징어
완성작 보기 ▶ 37쪽

실: 병태사
바늘: 양끝이 뾰족한 대바늘 3개
부재료: 돗바늘, 흰색과 검은색 자수용 실, 자수용 바늘

뜨는 방법

알아두기: 몸통과 촉수 모두 끈 뜨기로 작업합니다. 입을 만들 때에는 각각의 코에서 kfb하는 것과 동시에 코를 마무리합니다. 그러면 작은 입이 만들어지지요.

몸통

원형 1단: 시작코를 2코 잡는다.
원형 2단: [kfb] 2회 (4코)
원형 3단: [1코 겉뜨기, kfb] 2회 (6코)
원형 4단: [kfb, 2코 겉뜨기] 2회 (8코)
원형 5단: [3코 겉뜨기, kfb] 2회 (10코)
원형 6단: [kfb, 4코 겉뜨기] 2회 (12코)
원형 7단: 모두 겉뜨기 (12코)
원형 8단: [5코 겉뜨기, kfb] 2회 (14코)
원형 9단: 모두 겉뜨기 (14코)
원형 10단: [5코 겉뜨기, 2코 모아 겉뜨기] 2회 (12코)
원형 11단: 모두 겉뜨기 (12코)
원형 12단: [2코 모아 겉뜨기, 4코 겉뜨기] 2회 (10코)
원형 13단: 모두 겉뜨기 (10코)
원형 14단: [3코 겉뜨기, 2코 모아 겉뜨기] 2회 (8코)
원형 15단: [2코 모아 겉뜨기, 2코 겉뜨기] 2회 (6코)
원형 16단: [1코 겉뜨기, 2코 모아 겉뜨기] 2회 (4코)
원형 17단: 모두 겉뜨기 (4코)
원형 18단: 모두 kfb. 이와 동시에 코를 마무리한다. (8코)

붙이기

털실을 60cm 길이로 4조각 자른다. 시작코를 만들어 이 조각들을 모두 머리 위쪽에 붙인다. 촉수 1개를 만들려면, 실 조각 가까이 있는 코를 1개 주워서 코 1개짜리 끈 뜨기를 8단 한 다음 코를 마무리한다. 이를 반복해 촉수 8개를 완성한다. 같은 털실을 돗바늘에 꿰어 머리 양옆에 프렌치 노트 스티치를 크게 두 번 놓는다. 그런 다음 그 위에 검은색 실과 자수용 바늘을 사용하여 프렌치 노트 스티치를 놓아 눈동자를 만든다. 그 둘레에 흰색 실을 감아서 눈을 완성한다.

크기가 작은 아기돼지오징어는 처음에는 비교적 얕은 물에서 살기 시작하다가 점점 성장하면서 깊은 바다로 내려갑니다. 다른 오징어들과는 달리 위아래가 반대로 바뀌어 헤엄치기 때문에 몸통 위에 촉수 뭉치가 있습니다.

| 40 | **뱀장어**
완성작 보기 ▶ 36쪽 |

실: 병태사
바늘: 양끝이 뾰족한 대바늘 3개
부재료: 노란색 털실, 돗바늘, 검은색 실, 바느질용 바늘

뜨는 방법

이 작품도 끈 뜨기로 작업하는데, 이번에는 꼬리부터 시작합니다. 턱 부분을 시작하게 되면, 바늘 하나에 코를 몇 개만 남겨둔 채 나머지 코들은 단뜨기합니다. 다 뜨고 나면 남겨뒀던 코로 돌아가 여기서도 단뜨기를 합니다.

몸통
원형 1단: 시작코를 4코 잡는다.
원형 2~6단: 모두 겉뜨기
원형 7단: kfb, 남은 코들을 겉뜨기
바늘에 10코가 생길 때까지 2~7단까지를 반복한다. (36단)
원형 37~47단: 모두 겉뜨기
원형 48단: 4코 겉뜨기. 이제 나머지 6코(나중에 위턱이 될 부분)를 바늘에 남겨둔 채 단뜨기로 전환한다.

아래턱
1단 (안면): 모두 안뜨기 (4코)
2단 (겉면): 모두 겉뜨기
3단: 모두 안뜨기
4단: ssk, 2코 모아 겉뜨기
5단: 모두 안뜨기
6단: 코를 마무리한다.

위턱
바늘에 남겨두었던 6코로 돌아온다.
1단: 겉면을 보면서 2코 겉뜨기, m1, 2코 겉뜨기, m1, 2코 겉뜨기 (8코)
2단: 모두 안뜨기 (8코)
3단: 모두 겉뜨기 (8코)
4단: 모두 안뜨기 (8코)
5단: ssk 2회, 2코 모아 겉뜨기 2회 (4코)
6단: 모두 안뜨기
7단: ssk, 2코 모아 겉뜨기 (2코)
8단: 모두 안뜨기
9단: 코를 마무리한다.

붙이기
돗바늘에 노란색 털실을 꿰어서 위턱에 프렌치 노트 스티치를 두 번 놓아 눈을 만든다. 바느질용 바늘과 검은색 실로 눈동자를 만든다. 입이 원하는 만큼 벌어지도록 아래턱과 위턱을 적당히 죄어준다.

41 예티 크랩

완성작 보기 ▶ 37쪽

실: 병태사
바늘: 털실에 맞는 양끝이 뾰족한 대바늘 2~3개, 두 사이즈 작은 대바늘 2개 이상
부재료: 돗바늘, 눈을 만들 어두운 색 털실, 악센트 컬러 털실

뜨는 방법

알아두기: 다리는 끈 뜨기로 뜨며, 커다란 앞발은 패턴 끝 부분에서 단뜨기로 만듭니다. 반면, 몸통은 처음부터 단뜨기로 작업합니다. 앞발을 장식할 고리 만들기를 할 때는 바늘을 다음 코에 집어넣은 다음, 두 바늘 끝 사이로 실을 빼내고 한쪽 엄지로 고리를 잡습니다. 그런 후 코를 다시 겉뜨기하고 마지막으로 마무리하면서 오른쪽 바늘에 만들어놓았던 첫 번째 코를 두 번째 코 위로 끌어올립니다.

몸통 (2개 만든다)
몸통을 뜰 때는 다리를 뜰 때보다 더 작은 대바늘을 사용해야 촘촘하게 떠집니다.
1단: 시작코를 8코 잡는다.
2단: 모두 안뜨기 (8코)
3단: 모두 겉뜨기 (8코)
4단: 모두 안뜨기 (8코)
5단: 모두 안뜨기 (8코) – 첫 번째 능선이 만들어진다.
6단: 모두 안뜨기 (8코)
7단: 모두 겉뜨기 (8코)
8단: 모두 안뜨기 (8코)
9단: 모두 안뜨기 (8코) – 두 번째 능선이 만들어진다.
10단: 모두 안뜨기 (8코)
11단: ssk, 4코 겉뜨기, 2코 모아 겉뜨기 (6코)
12단: 모두 안뜨기 (6코)
13단: ssk, 2코 겉뜨기, 2코 모아 겉뜨기 (4코)
14단: 모두 안뜨기 (4코)
15단: ssk, 2코 모아 겉뜨기, 코를 마무리한다. (2코)

커다란 앞발 (2개 만든다)
원형 1단: 시작코를 3코 잡는다.
원형 2~17단: 16단 모두 겉뜨기 (3코)
원형 18단: 고리 만들기, m1, 고리 만들기, m1, 고리 만들기 (5코)
원형 19단: [1코 겉뜨기, m1] 3회, 2코 겉뜨기 (8코)
원형 20단: 모두 고리 만들기 (8코)
원형 21단: 모두 겉뜨기 (8코)
원형 22단: 모두 고리 만들기 (8코)
원형 23단: 모두 겉뜨기 (8코)
원형 24단: 모두 고리 만들기 (8코)
원형 25단: 모두 겉뜨기 (8코)
원형 26단: 모두 고리 만들기 (8코)
원형 27단: 모두 겉뜨기 (8코)
원형 28단: 모두 고리 만들기 (8코)
이제부터 발을 단뜨기로 시작한다.
29단: 4코 안뜨기 (4코)
30단: 모두 겉뜨기 (4코)
31단: 모두 안뜨기 (4코)
32단: ssk, 2코 모아 겉뜨기, 이와 동시에 코를 마무리한다. (2코)
다리에 남겨두었던 나머지 4코도 위와 마찬가지 방법으로 반복해서 뜬다.

뒷다리 (1개 만든다)
원형 1단: 시작코를 3코 잡는다.
원형 2~25단: 24단 모두 겉뜨기 (3코)
코를 마무리한다.

심해의 열수구에서 살고 있는
이 생물은 눈이 퇴화되었으며 풍부한
머리카락 같은 관으로 몸이 덮혀 있습니다.

대바늘뜨기 디자인 | 75

42 관벌레
완성작 보기 ▶ 37쪽

실: 아크릴 병태사
바늘: 양끝이 뾰족한 대바늘 3개
부재료: 악센트 컬러 털실, 돗바늘

뜨는 방법

원형 1단: 시작코를 8코 잡는다. 바늘 2개에 나누어 담는다.
원형 2~5단: 모두 겉뜨기 (8코)
원형 6단: 모두 안뜨기 (8코)
2~6단까지를 세 번 더 반복한다.
코를 마무리한다.

붙이기
악센트 컬러 털실로 손가락 세 개를 열 번 감는다. 실 조각을 고리 안으로 넣어 묶는다. 실을 실 묶음 아래쪽 둘레에 묶는다. 묶음의 위쪽을 잘라서 술을 만든다. 이것을 관 끝에 집어넣고 관과 같은 색 털실로 꿰매어 고정시킨다.

변형하기
크기가 더 큰 관벌레를 만들고 싶다면 2~6단을 5번 더 반복한다.

술 만들기:

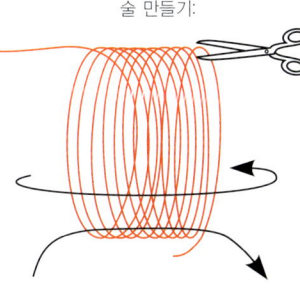

3. 실 묶음의 윗부분을 자릅니다.

2. 묶음의 아랫부분 둘레를 실 조각으로 묶습니다.

1. 고리 안으로 실 조각을 넣어 묶습니다.

붙이기
돗바늘로 몸통을 꿰매면서 다리를 원하는 위치에 고정시킨다. 다리 길이도 원하는 만큼 조절해서 나오게 하고 나머지 남는 부분은 몸통 속에 넣어서 모양을 잡아준다. 뒷다리는 오른쪽에서 왼쪽으로 몸통 안을 가로질러 양쪽으로 나오게 만들지만, 앞다리의 경우는 다르다(각 다리의 앞발 부분은 앞으로 나오게 해서 커다란 앞발을 만들고, 뒷부분은 몸통 안으로 넣어 앞발의 뒤로 빼내어 뒷다리로 만든다). 발의 끝 부분은 메리야스 뜨기했기 때문에 멋대로 구부러지는 경향이 있다. 원한다면 몇 땀을 떠서 제자리를 잡아줘도 된다. 어두운 색 털실로 프렌치 노트 스티치를 놓아 눈을 만들고, 악센트를 주기 위해 밝은 색 털실로 둘레를 감아준다.

2.5cm부터 2.5m에 이르기까지 크기가 다양한 관벌레는 움직이지 않고 한 자리에 고정되어 사는 생물로, 위험을 피해 몸을 숨기고 보호할 수 있는 껍질에 들어가 삽니다. 이 작품의 빨간색 술이 바로 관벌레를 표현한 것입니다.

코바늘뜨기

43 연잎성게
완성작 보기 ▶ 22쪽

실: 아크릴 병태사
부재료: 악센트 컬러 털실, 돗바늘

뜨는 방법

알아두기: 뒤쪽 루프로만 작업하세요. 이렇게 하면 악센트 컬러 털실을 달 수 있는 코가 마련됩니다.

원형 1단: 사슬뜨기 8코. 첫 코에서 빼뜨기를 해서 고리를 만든다.
원형 2단: 각 코에서 짧은뜨기 2코 (16코)
원형 3단: [짧은뜨기, 다음 코에서 짧은뜨기 2코] 8회 (24코)
원형 4단: [다음 2코에서 짧은뜨기, 다음 코에서 짧은뜨기 2코] 8회 (32코)
원형 5단: 다음 2코에서 짧은뜨기, [다음 3코에서 짧은뜨기, 다음 코에서 짧은뜨기 2코] 8회, 빼뜨기 2코 (40코)
원형 6단: 마무리한다.

붙이기

악센트 컬러 털실을 돗바늘에 꿴 다음, 작품 아랫면에 남아 있는 앞쪽 루프 중 1개에 고정시킨다. 가운데 구멍을 통해 실을 빼내어 커다란 고리를 만든다. 이 고리를 바깥쪽으로 당긴 후 작품에 납작하게 붙여서 손가락으로 누르거나 핀으로 고정시킨 다음, 실을 가운데 구멍 안으로 다시 넣는다. 이 실을 아랫면에 있는 앞쪽 루프들로 통과시킨 후, 위에서 잡고 있던 고리의 바깥쪽 끝 부분으로 찔러 올려 빼낸 다음 다시 밑으로 찔러 넣는 식으로 바느질해서 고리를 고정시킨다. 이 실을 다시 아랫면에 있는 루프로 통과시켜 가운데 구멍으로 빼내어 앞의 것과 마찬가지 방법으로 4개의 고리 패턴을 만든다.

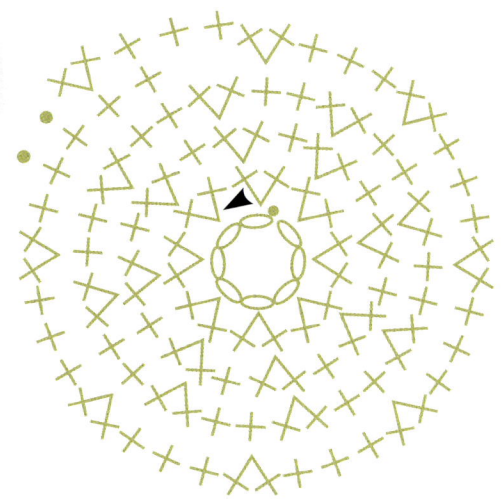

함께 보세요

12~13쪽
  코바늘뜨기 기호
14쪽
  기본 뜨개법
18~19쪽
  코바늘뜨기, 알아두세요

44 소라게
완성작 보기 ▶ 22쪽

실: 합태사 밝은 갈색, 짙은 갈색
부재료: 시드비즈, 비즈용 실과 바늘

뜨는 방법

알아두기: '모아뜨기'는 '짧은뜨기 2코 모아뜨기'를 뜻합니다.

소라 (원형뜨기로 1개 만든다)
원형 1단: 밝은 갈색 실로 사슬뜨기 10코. 첫 코에서 빼뜨기를 해서 고리를 만든다.
원형 2단: 짧은뜨기 10코
원형 3단: 짧은뜨기 10코
원형 4단: 짧은뜨기 10코
원형 5단: 짧은뜨기 7코, 모아뜨기, 짧은뜨기 1코 (9코)
원형 6단: 짧은뜨기 9코
원형 7단: 짧은뜨기 1코, 모아뜨기, 짧은뜨기 6코 (8코)
원형 8단: 짧은뜨기 8코
원형 9단: 짧은뜨기 3코, 모아뜨기, 짧은뜨기 3코 (7코)
원형 10단: 짧은뜨기 7코
원형 11단: 짧은뜨기 4코, 모아뜨기, 짧은뜨기 1코 (6코)
원형 12단: 짧은뜨기 6코
원형 13단: 짧은뜨기 1코, 모아뜨기, 짧은뜨기 3코 (5코)
원형 14단: 짧은뜨기 5코
원형 15단: 짧은뜨기 3코, 모아뜨기 (4코)
원형 16단: 짧은뜨기 4코
원형 17단: 모아뜨기, 짧은뜨기 2코 (3코)
원형 18단: 짧은뜨기 3코
원형 19단: 모아뜨기, 짧은뜨기 1코 (2코)
원형 20단: 짧은뜨기 2코
원형 21단: 짧은뜨기 2코
마무리한다. 편물을 붙일 때 사용할 실을 길게 남겨둔다.

게 (원형뜨기로 1개 만든다)
짙은 갈색 실로 원형코뜨기를 한다.
원형 1단: 고리에서 짧은뜨기 4코
원형 2단: 짧은뜨기 4코
원형 3단: 짧은뜨기 4코
마무리한다.

다리 (2개 만든다)
짙은 갈색 실을 사용해 사슬뜨기 8코로 집게발을 만든 다음. 실을 7cm 길이로 3조각 잘라서 다리를 만든다.

붙이기

비즈를 달아 눈을 만든다.
소라 조각 편물은 말아서 모양을 잡고. 코를 마무리할 때 남겼던 실로 꿰매어 형태를 고정시킨다. 게의 몸통 마지막 단에 집게발을 붙이고. 다리의 중간 부분도 마지막 단에 꿰맨다. 다리 끝마다 매듭을 묶는다. 이렇게 다리와 집게발을 붙인 게를 소라구멍 안으로 집어넣고 꿰매어 고정시킨다.

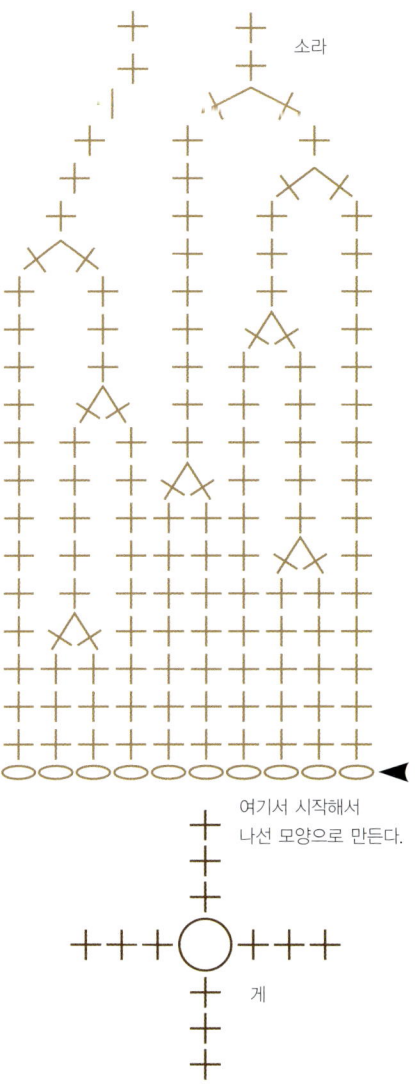

78 | 실전 뜨기

45 바다석류
완성작 보기 ▶ 22쪽

실: 병태사 심홍색, 밝은 노란색, 녹색
부재료: 돗바늘

뜨는 방법

알아두기: 잎을 만들 때 짧고(빼뜨기) 긴(1길 긴뜨기) 코를 번갈아 사용하면 약간 구부러진 모양이 만들어져서, 다육식물의 잎을 실감나게 표현할 수 있어요.

꽃잎 (1개 만든다)
작은 방울술을 만들려면, 심홍색 실을 두 손가락 둘레에 30번 감은 후, 가운데를 묶고 양쪽 가장자리를 자른 후 다듬는다. 방울술은 다소 평면적으로 보여야 하기 때문에 그다지 빽빽할 필요는 없다.

꽃 중심 (1개 만든다)
밝은 노란색 실로 원형코뜨기를 한다.
원형 1단: 고리에서 짧은뜨기 6코
원형 2단: 다음 코에서 빼뜨기. 마무리한다.

잎 (2~3개 만든다)
원형 1단: 밝은 노란색 실로 사슬뜨기 4코. 첫 사슬에서 빼뜨기해서 고리를 만든다.
원형 2단: 모든 코에서 짧은뜨기 2코 (8코)
원형 3단: 다음 4코에서 빼뜨기, 다음 4코에서 1길 긴뜨기 (8코)
원형 4단: [짧은뜨기 2코 모아뜨기, 다음 2코에서 짧은뜨기] 2회 (6코)
원형 5단: 다음 3코에서 빼뜨기, 다음 3코에서 1길 긴뜨기 (6코)
원형 6단: [짧은뜨기 2코 모아뜨기, 짧은뜨기] 2회 (4코)
원형 7단: [짧은뜨기 2코 모아뜨기] 2회. 마무리한다. (2코)

줄기 (1개 만든다)
짧은 줄기
원형 1단: 녹색 실로 사슬뜨기 6코, 첫 사슬에서 빼뜨기해서 고리를 만든다.
원형 2~6단: 모든 코에서 짧은뜨기 (6코)
원형 7단: 빼뜨기. 마무리한다.
긴 줄기
위의 짧은 줄기와 동일한 방법으로 하되, 짧은뜨기를 5단이 아니라 10단으로 늘린다.

붙이기
꽃 중심을 만들고 남은 실의 끝을 아래쪽으로 넣고 고리 모양을 만들어 그림처럼 원의 가장자리로 나오게 한다. 이 실 끝을 이용해 꽃 중심을 꽃잎 둘레에 묶는데, 꽃잎이 원래 묶인 방향과 수직이 되게 한다. 이때 만들어진 매듭에서 남은 실을 줄기 속으로 넣고 고정시킨다. 그런 다음 돗바늘을 사용하여 잎을 줄기에 꿰매어 붙이는데, 잎의 구부러진 면이 꽃잎을 바라보게 달아준다. 긴 줄기에는 잎을 3장, 짧은 줄기에는 2장 붙인다.

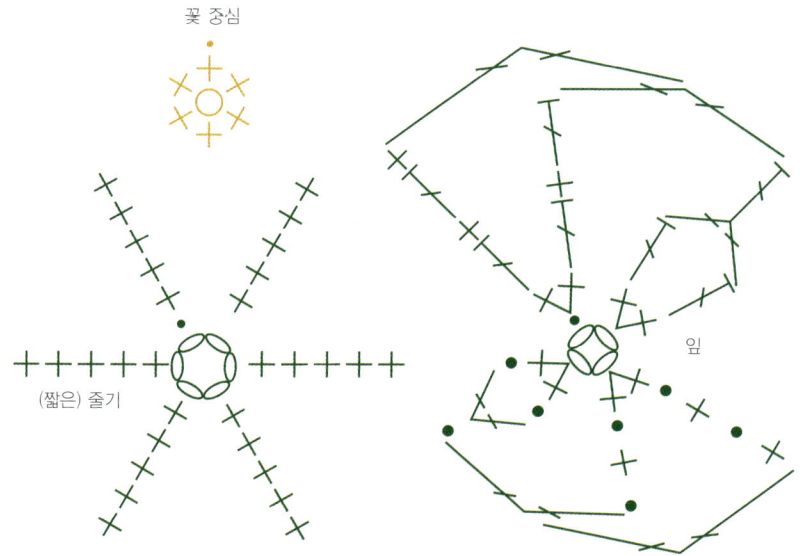

꽃 중심

(짧은) 줄기

잎

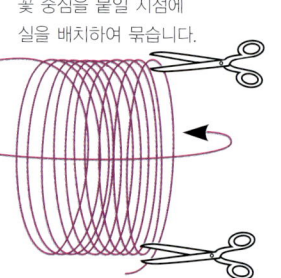

꽃 중심을 붙일 지점에 실을 배치하여 묶습니다.

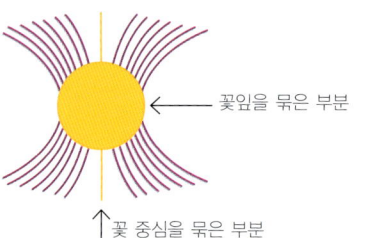

꽃 중심을 꽃잎 위에 배치합니다.

← 꽃잎을 묶은 부분
↑ 꽃 중심을 묶은 부분

46 성게 껍데기
완성작 보기 ▶ 22쪽

실: 아크릴 병태사
부재료: 악센트 컬러 털실, 돗바늘

뜨는 방법

알아두기: 이번 작품의 주인공은 프렌치 노트 스티치라고 해도 과언이 아닙니다!

원형 1단: 사슬뜨기 10코, 첫 사슬에서 빼뜨기해서 고리를 만든다.
원형 2단: 각각의 코에서 짧은뜨기 2코 (20코)
원형 3단: [다음 코에서 짧은뜨기 1코, 다음 코에서 짧은뜨기 2코] 10회 (30코)
원형 4단: 모든 코에서 짧은뜨기 (30코)
원형 5단: 모든 코에서 짧은뜨기 (30코)
원형 6단: 모든 코에서 짧은뜨기 (30코)
원형 7단: [짧은뜨기 1코, 짧은뜨기 2코 모아뜨기] 10회 (20코)
원형 8단: [짧은뜨기 2코 모아뜨기] 10회 (10코)
원형 9단: 빼뜨기 2코. 마무리한다.

붙이기
사진에 나와 있는 것처럼, 돗바늘에 악센트 컬러 털실을 꿰어 가운데 구멍을 중심으로 오각형 대칭이 되게 프렌치 노트 스티치를 놓는다. 작품을 처음 시작했던 부분을 성게 껍질의 윗부분으로 정하는 것이 좋다. 사슬뜨기로 가장자리를 처리한 구멍이 모아뜨기로 뜬 마지막 단보다 깔끔해 보이기 때문이다.

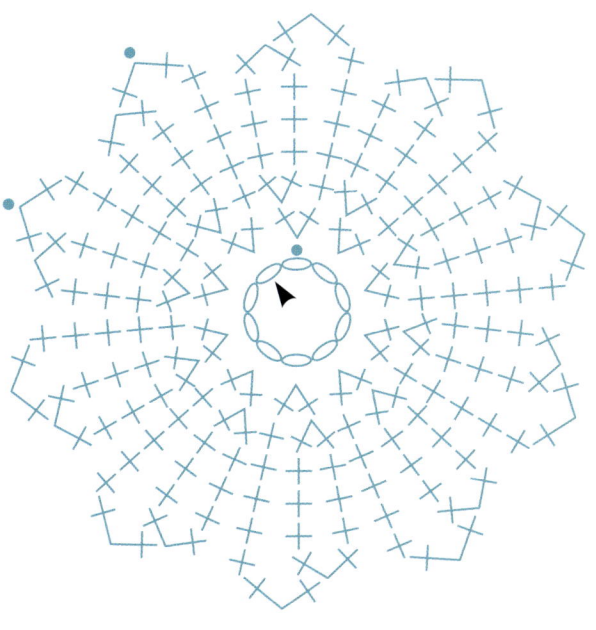

47 파랑불가사리

완성작 보기 ▶ 25쪽

실: 아크릴 병태사
부재료: 돗바늘

뜨는 방법

다리 (5개 만든다)
원형 1단: 사슬뜨기 8코, 첫 사슬에서 빼뜨기해서 고리를 만든다.
원형 2~4단: 모든 코에서 각각 짧은뜨기 (8코)
원형 5단: 다음 2코에서 짧은뜨기 2코 모아뜨기, 다음 6코에서 각각 짧은뜨기 (7코)
원형 6~7단: 모든 코에서 각각 짧은뜨기 (7코)
원형 8단: 다음 짧은뜨기 5코에서 각각 짧은뜨기, 다음 2코에서 짧은뜨기 2코 모아뜨기 (6코)
원형 9단: 모든 코에서 각각 짧은뜨기 (6코)
원형 10단: [짧은뜨기 3코 모아뜨기] 2회 (2코)
마무리한다.

붙이기

털실을 바늘에 꿰어서, 각 다리의 1단과 2단 사이로 실을 통과시켜 다리의 축과 수직이 되게 하나로 이어 붙인다. 실을 세게 죄어주고, 고르지 못한 부분은 바느질해서 손질한다.

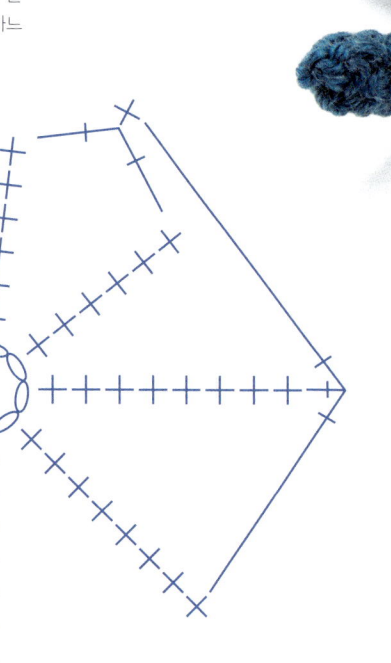

48 코바늘뜨기 말미잘
완성작 보기 ▶ 25쪽

실: 병태사 상록색, 라임색 병태사와 파란색 합태사를 함께 꼰 것

뜨는 방법

원형 1단: 사슬뜨기 30코. 첫 사슬에서 빼뜨기해서 고리를 만든다.
원형 2단: 모두 짧은뜨기 (30코)
원형 3단: 모두 짧은뜨기 (30코)
원형 4단: 모두 짧은뜨기 (30코)
원형 5단: [다음 3코에서 짧은뜨기, 짧은뜨기 2코 모아뜨기] 6회 (24코)
원형 6단: 모두 짧은뜨기 (24코)
원형 7단: 파란색과 라임색 실을 꼰 것으로 [사슬뜨기 5코, 바늘에서 2번째 코부터 시작해서 아래로 내려가며 빼뜨기 4코. 6단으로 내려와서 다음 코에서 빼뜨기] 24회
빼뜨기. 마무리한다.

붙이기

코바늘을 사용하여 남은 상록색 실로 말미잘 입 안쪽에 있는 여러 코를 거쳐서 고리를 만들고 약간 닫히도록 당겨서 조인다. 매듭을 짓고 끝부분이 눈에 띄지 않게 한다.

49	바다이끼
	완성작 보기 ▶ 24쪽

실: 병태사

뜨는 방법

알아두기: 이 작품은 모듈 방식으로 만듭니다. 제공된 도안은 줄기와 잎을 한 쌍으로 같이 만드는 방법(잎 2장짜리 이끼의 중앙 가지)의 한 예로 제시된 것입니다. 기존 줄기에서 떨어져 나온 새 줄기를 시작할 때, 도안에 나온 것과 같이 작품의 방향을 잡아야 앞으로 만들 잎이 먼저 만든 잎과 같은 면에 있게 됩니다. 필요한 만큼 짧은뜨기를 몇 개 추가하면 적당한 위치에서 잎을 만들기 시작할 수 있습니다.

잎 2장짜리 이끼

중앙 가지 (7단)

원형 1단: 사슬뜨기 4코. 첫 사슬에서 빼뜨기하여 고리를 만든다.

원형 2~7단: 모두 짧은뜨기 (4코)

원형 8단: 사슬뜨기 2코. 편물을 돌려서 [다음 코에서 짧은뜨기 2코] 3회. 마무리한다.

두 번째 가지 (3단)

원형 1단: 중앙 가지 위 4코에서 짧은뜨기. 아래의 그림, '새 가지 붙이기'에서 가리키는 방향으로 작업한다.

원형 2단: 모두 짧은뜨기 (4코)

원형 3단: 모두 짧은뜨기 (4코)

4단: 사슬뜨기 2코. 편물을 돌려서 [다음 코에서 짧은뜨기 2코] 3회. 마무리한다.

잎 3장짜리 이끼

중앙 가지 (9단)

원형 1단: 사슬뜨기 4코. 첫 사슬에서 빼뜨기해서 고리를 만든다.

원형 2~9단: 모두 짧은뜨기 (4코)

10단: 사슬뜨기 2코. 편물을 돌려서 [다음 코에서 짧은뜨기 2코] 3회. 마무리한다.

두 번째 가지 (7단)

원형 1단: 그림처럼 중앙 가지 위 4코에서 짧은뜨기

원형 2~7단: 모두 짧은뜨기 (4코)

8단: 사슬뜨기 2코. 편물을 돌려서 [다음 코에서 짧은뜨기 2코] 3회. 마무리한다.

세 번째 가지 (3단)

원형 1단: 그림처럼 중앙 가지 위 4코에서 짧은뜨기

원형 2단: 모두 짧은뜨기 (4코)

원형 3단: 모두 짧은뜨기 (4코)

4단: 사슬뜨기 2코. 편물을 돌려서 [다음 코에서 짧은뜨기 2코] 3회. 마무리한다.

6단짜리 모듈의 예

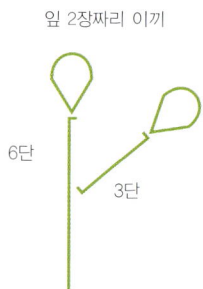

잎 2장짜리 이끼

잎 3장짜리 이끼

새 가지 붙이기

50 가오리
완성작 보기 ▶ 27쪽

실: 모 병태사
부재료: 돗바늘, 검은색 털실

뜨는 방법

원형코뜨기를 한다.
원형 1단: 짧은뜨기 6코
원형 2단: [다음 코에서 짧은뜨기 2코] 0회 (12코)
원형 3단: [다음 코에서 짧은뜨기, 다음 코에서 짧은뜨기 2코] 6회 (18코)
원형 4단: [짧은뜨기 2코, 다음 코에서 짧은뜨기 2코] 6회 (24코)
원형 5단: [짧은뜨기 2코, 다음 코에서 짧은뜨기 2코] 8회 (32코)
원형 6단: 빼뜨기 5코, 짧은뜨기 3코, 1길 긴뜨기 4코, 사슬뜨기 1코, 빼뜨기 8코, 사슬뜨기 1코, 1길 긴뜨기 4코, 짧은뜨기 3코, 빼뜨기 5코 (34코). 마무리하면서 실을 길게 남긴다. 코마무리 하기 전에 만든 마지막 단 안으로 바늘을 집어넣고 남은 실을 이용해 사슬뜨기 12코를 뜬다. 다시 한 번 마무리한다.

붙이기

돗바늘과 검은색 털실로 프렌치 노트 스티치를 놓아 눈을 만든다.

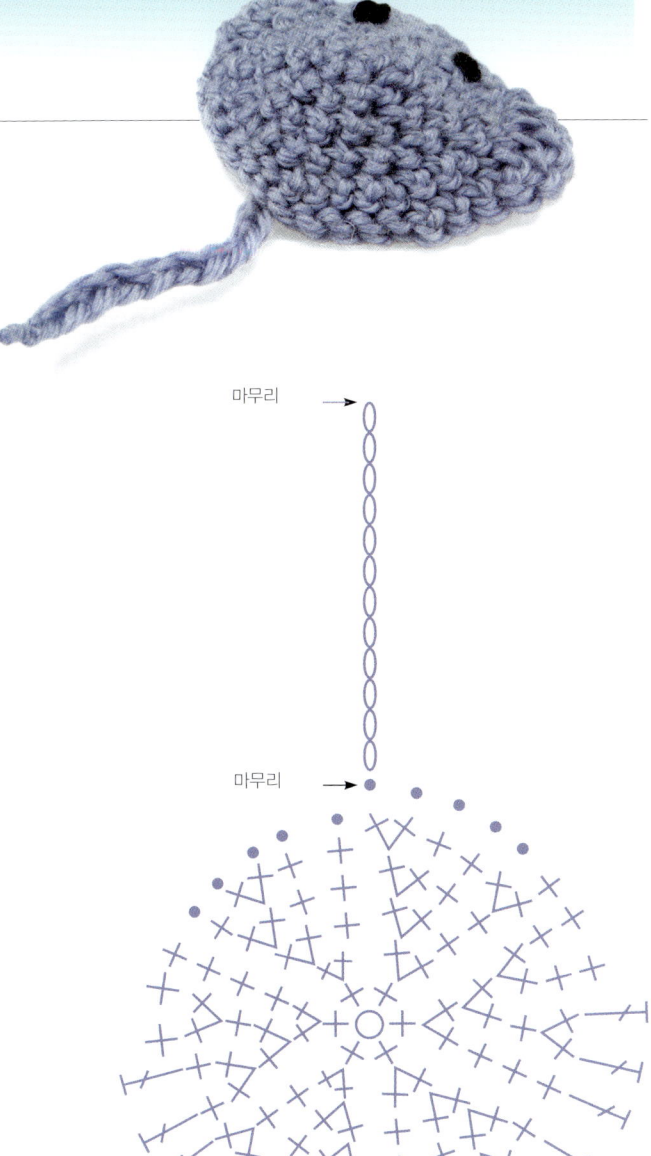

| 51 | **삿갓말**
완성작 보기 ▶ 29쪽

실: 아크릴 병태사

뜨는 방법

알아두기: 아래의 설명에서 'leaf'는 '바늘에서 4번째 사슬에서 1길 긴뜨기 3코. 그런 다음 같은 사슬코에서 사슬뜨기 3코, 빼뜨기'를 뜻합니다.

제1가지: 사슬뜨기 17코, leaf, 빼뜨기
제2가지: 사슬뜨기 15코, leaf, 빼뜨기 5코
제3가지: 사슬뜨기 9코, leaf, 빼뜨기 3코
제4가지: 사슬뜨기 10코, leaf, 빼뜨기 2코
제5가지: 사슬뜨기 5코, leaf, 빼뜨기 5코

제6가지: 사슬뜨기 6코, leaf, 빼뜨기 11코
제7가지: 사슬뜨기 13코, leaf, 빼뜨기 4코
제8가지: 사슬뜨기 9코, leaf, 빼뜨기 3코
제9가지: 사슬뜨기 6코, leaf, 빼뜨기 7코
제10가지: 사슬뜨기 8코, leaf, 빼뜨기 12코
제11가지: 사슬뜨기 6코, leaf, 빼뜨기 14코, 짧은뜨기 3코. 마무리한다.

코바늘뜨기 디자인

52 청어
완성작 보기 ▶ 28쪽

실: 병태사
부재료: 검은색과 노란색 털실, 돗바늘

뜨는 방법

알아두기: '모아뜨기'는 '짧은뜨기 2코 모아뜨기'를 의미합니다.

몸통과 꼬리
원형 1단: 사슬뜨기 3코. 첫 사슬에서 빼뜨기해서 고리를 만든다.
원형 2단: 각 코마다 짧은뜨기 (3코)
원형 3단: 각 코마다 짧은뜨기 2코 (6코)
원형 4단: [다음 코에서 짧은뜨기, 다음 코에서 짧은뜨기 2코] 3회 (9코)
원형 5단: [다음 코에서 짧은뜨기 2코, 다음 2코에서 각각 짧은뜨기] 3회 (12코)
원형 6단: 모두 짧은뜨기 (12코)
원형 7단: 모두 짧은뜨기 (12코)
원형 8단: 모아뜨기, 짧은뜨기 10코 (11코)
원형 9단: 짧은뜨기 4코, 모아뜨기, 짧은뜨기 5코 (10코)
원형 10단: 모아뜨기, 짧은뜨기 8코 (9코)
원형 11단: 짧은뜨기 3코, 모아뜨기, 짧은뜨기 4코 (8코)
원형 12단: 모아뜨기, 짧은뜨기 4코, 모아뜨기 (6코)
원형 13단: 짧은뜨기, 모아뜨기, 짧은뜨기, 모아뜨기 (4코)
여기서 편물을 돌린 다음, 앞에서 만든 마지막 단부터 시작해서 거꾸로 뜨기 시작한다.

1단: 짧은뜨기 3코, 사슬뜨기 1코, 편물을 돌린다.
2단: 각 코마다 짧은뜨기 2코 (6코)
마무리한다.

등지느러미
사슬뜨기 4코, 바늘로부터 두 번째 사슬에서 빼뜨기, 짧은뜨기, 1길 긴뜨기. 마무리한다.

배와 옆지느러미 (3개 만든다)
사슬뜨기 3코

붙이기
지느러미를 몸통에 붙일 때는 돗바늘을 사용한다. 검은색 털실을 꿴 돗바늘로 프렌치 노트 스티치를 놓아 눈을 만들고, 등지느러미와 꼬리의 가장자리를 따라 수를 놓는다. 노란색 털실로 고리를 만들어 눈 둘레에 감아서 조인다.

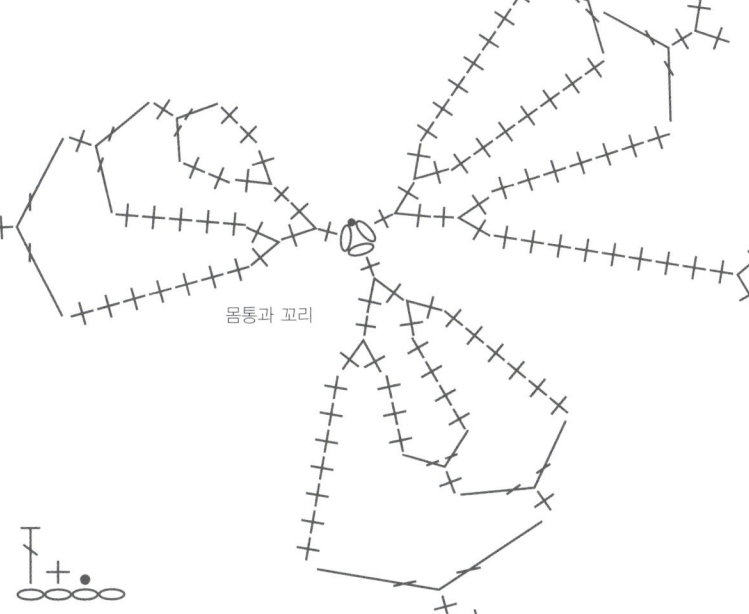

등지느러미

배와 옆지느러미

몸통과 꼬리

| 53 | **피그미문어**
완성작 보기 ▶ 28~29쪽

실: 아크릴 병태사
부재료: 대비되는 색상의 자수용 실, 자수용 바늘

뜨는 방법

알아두기: 29쪽에 있는 분홍색 변형 작품을 만들고 싶으면, 프렌치 노트 스티치 대신 비즈로 눈을 만드세요.

원형코뜨기를 한다.
원형 1단: 고리에서 짧은뜨기 6코, 실 끝을 당겨서 고리를 닫는다. 짧은뜨기 2코에서 각각 빼뜨기 (6코)
원형 2단: 각 코마다 짧은뜨기 2코 (12코)
원형 3단: [다음 코에서 짧은뜨기 1코, 다음 코에서 짧은뜨기 2코] 6회 (18코)
원형 4단: [다음 코에서 짧은뜨기 2코, 다음 5코에서 짧은뜨기 1코] 3회 (21코)
원형 5단: 다음 9코에서 각각 짧은뜨기 1코, 다음 코에서 짧은뜨기 2코, 다음 10코에서 각각 짧은뜨기 1코, 다음 코에서 짧은뜨기 2코 (23코)
원형 6단: 다음 11코에서 각각 짧은뜨기 1코, 다음 짧은뜨기 2코에서 짧은뜨기 2코 모아뜨기, 다음 10코에서 각각 짧은뜨기 1코 (22코)
원형 7단: 다음 2코에서 각각 짧은뜨기 1코, [다음 3코에서 각각 짧은뜨기 1코, 다음 2코에서 짧은뜨기 2코 모아뜨기] 4회 (18코)
원형 8단: [다음 7코에서 각각 짧은뜨기 1코, 다음 2코에서 짧은뜨기 2코 모아뜨기] 2회 (16코)
원형 9단: 다음 코에서 짧은뜨기 1코, [다음 3코에서 각각 짧은뜨기 1코, 다음 2코에서 짧은뜨기 2코 모아뜨기] (13코)
원형 10단: 다음 코에서 짧은뜨기 1코, [다음 3코에서 각각 짧은뜨기 1코, 다음 코에서 짧은뜨기 2코] 3회 (16회)
원형 11단: 다음 14코에서 각각 짧은뜨기 1코, 다음 짧은뜨기 2코에서 각각 빼뜨기 (16코)
원형 12단: [11단에서 다음 코로 빼뜨기, 사슬뜨기 10코, 바늘에서 두 번째 사슬부터 시작해서 다음 4코에서 각각 빼뜨기, 다음 5코에서 각각 짧은뜨기, 11단으로부터 다음 코에서 빼뜨기] 8회. 마무리한다.

붙이기

자수용 바늘과 실로 10단과 11단 사이 촉수 2개의 위쪽에 일정한 간격을 두고 프렌치 노트 스티치를 두 번 놓는다.

54 컬러스트레아 폴립
완성작 보기 ▶ 31쪽

실: 아크릴 병태사 노란색, 오렌지색
부재료: 돗바늘

뜨는 방법

폴립(대) (3개 만든다)
원형 1단: 노란색 실로 사슬뜨기 10코, 첫 사슬에서 빼뜨기해서 고리를 만든다.
원형 2단: 각각의 사슬에서 짧은뜨기
원형 3단: 여기까지 뜬 다음, 5cm 길이로 실을 자른 후 오렌지색 실과 꼬아서 색이 섞이게 연결하고 매듭은 작품 안쪽으로 숨겨서 보이지 않게 한다. 짧은뜨기 10코
원형 4단: 각각의 코에서 짧은뜨기
원형 5~8단: 4단을 반복한다.
원형 9단: 짧은뜨기 처음 2코에서 각각 빼뜨기. 마무리한다. 큰 폴립의 실 끝은 길게 남겨서 나중에 붙이기 때 사용한다.

폴립(중) (2개 만든다)
위와 동일한 방법으로 만들되, 7~8단을 생략한다.

폴립(소) (2개 만든다)
위와 동일한 방법으로 만들되, 5~8단을 생략한다.

받침 (1개 만든다)
원형 1단: 오렌지색 실로 사슬뜨기 7코, 첫 사슬에서 빼뜨기해서 고리를 만든다.
원형 2단: 사슬마다 각각 짧은뜨기 2코 (14코)
원형 3단: [다음 코에서 짧은뜨기 1코, 다음 코에서 짧은뜨기 2코] 7회 (21코)
원형 4단: [다음 2코에서 각각 짧은뜨기 1코, 다음 코에서 짧은뜨기 2코] 7회 (28코)
원형 5단(부분적 원형): [다음 4코에서 각각 짧은뜨기 1코, 다음 코에서 짧은뜨기 2코] 2회. 다음 2코에서 각각 빼뜨기 (14코). 마무리한다.

붙이기
큰 폴립을 마무리하면서 남겨둔 실로, 옆의 그림처럼 폴립 모두를 받침에 배치하고 꿰매어 붙인다.

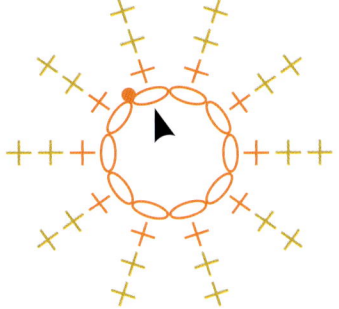

폴립 7개를 대·중·소 다양한 크기로 만듭니다.

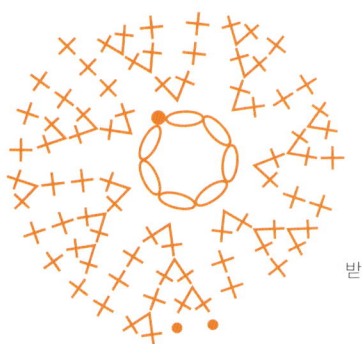

받침

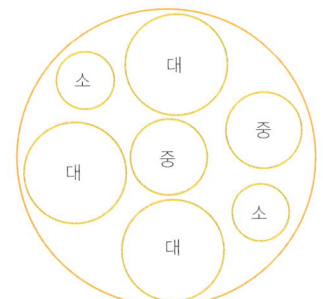

55 파랑자리돔
완성작 보기 ▶ 31쪽

실: 병태사 밝은 파란색, 하늘색
부재료: 돗바늘, 검은색 털실, 솜

뜨는 방법

알아두기: '모아뜨기'는 '짧은뜨기 2코 모아뜨기'를 뜻합니다. 몸통의 시작은 원형뜨기로 합니다. 그러다가 꼬리를 만들기 시작하면서부터 몸통을 평평하게 잡고 2코를 동시에 뜹니다. 마치 평면 조각을 만드는 것처럼요. 이때부터 단뜨기로 전환해서 작업합니다.

몸통 (1개 만든다)
밝은 파란색 실로 원형코뜨기를 한다.
원형 1단: 고리에서 짧은뜨기 3코
원형 2단: 모든 코에서 각각 짧은뜨기 2코 (6코)
원형 3단: [다음 코에서 짧은뜨기, 다음 코에서 짧은뜨기 2코] 3회 (9코)
원형 4단: [다음 2코에서 각각 짧은뜨기, 다음 코에서 짧은뜨기 2코] 3회 (12코)
원형 5단: [다음 3코에서 각각 짧은뜨기, 다음 코에서 짧은뜨기 2코] 3회 (15코)
원형 6단: 모두 짧은뜨기 (15코)
원형 7단: 모두 짧은뜨기 (15코)
원형 8단: 모두 짧은뜨기 (15코)
원형 9단: [다음 3코에서 각각 짧은뜨기, 모아뜨기] 3회 (12코)
원형 10단: [다음 2코에서 각각 짧은뜨기, 모아뜨기] 3회 (9코). 여기서 몸통에 속을 채운다.
원형 11단: [다음 코에서 짧은뜨기, 모아뜨기] 3회 (6코)
두 손가락으로 편물을 평평하게 잡는다.
여기서부터 단뜨기로 평면 작업을 시작한다.
12단: 사슬뜨기 1코. 사슬의 앞코와 뒤코에 바늘을 통과시켜서 짧은뜨기. 같은 방법으로 짧은뜨기를 2회 더 한다. (3코)
13단: 하늘색 실로 각 코마다 짧은뜨기 2코 (6코)
14단: 각 코마다 짧은뜨기 (6코). 마무리한다.

등과 배지느러미 (2개 만든다)
1단: 하늘색 실로 사슬뜨기 5코
2단: 바늘에서 두 번째 사슬부터 시작하여 빼뜨기 2코, 짧은뜨기 2코. 마무리한다.

옆지느러미 (2개 만든다)
1단: 하늘색 실로 사슬뜨기 3코
2단: 바늘에서 두 번째 사슬부터 시작하여 짧은뜨기 2코. 마무리한다.

붙이기
지느러미를 몸통에 붙일 때는 마무리하면서 남겨둔 실을 이용한다. 돗바늘에 검은색 실을 꿰어 얼굴에 줄무늬를 수놓고 그 위에 프렌치 노트 스티치를 놓는다. 마지막으로 하늘색 털실을 돗바늘에 꿰어 눈동자 둘레를 감아서 눈을 강조한다.

등과 배지느러미 (뒤쪽 지느러미)

옆지느러미 (앞쪽 지느러미)

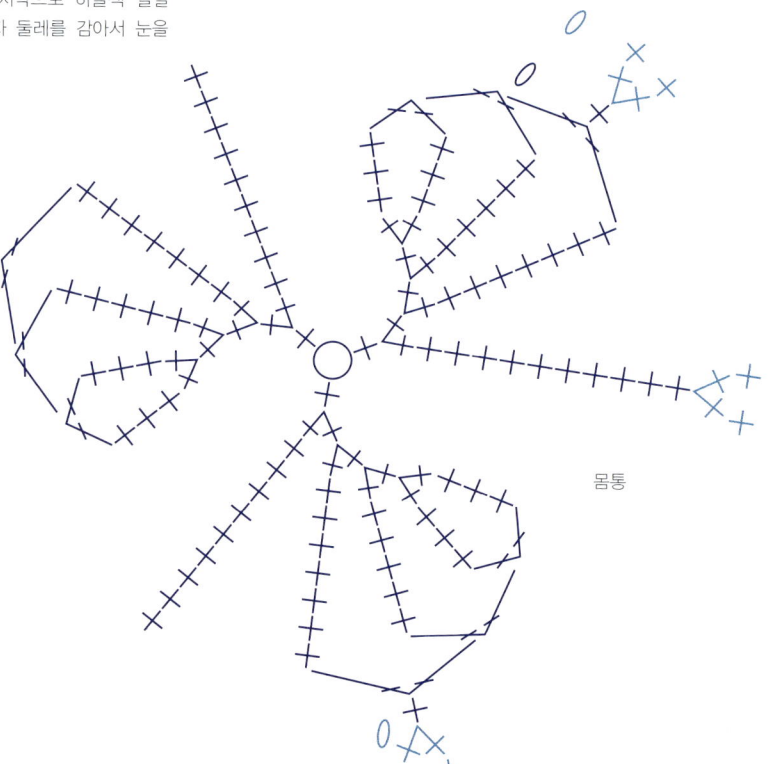

몸통

코바늘뜨기 디자인 | 89

56 망둥이
완성작 보기 ▶ 31쪽

실: 병태사
부재료: 돗바늘, 자수용 바늘, 흰색 자수용 실, 검은색 펠트

뜨는 방법

알아두기: 몸통은 일단 원형뜨기로 시작합니다. 꼬리를 만들기 시작하면서 몸통을 평평하게 잡고 2코를 동시에 뜹니다. 마치 펴면 조각을 만드는 것처럼요. 이때부터 단뜨기로 전환해서 작업합니다.

몸통 (1개 만든다)
원형코뜨기를 한다.
원형 1단: 고리에서 짧은뜨기 6코
원형 2단: [다음 코에서 짧은뜨기, 다음 코에서 짧은뜨기 2코] 3회 (9코)
원형 3단: [다음 2코에서 짧은뜨기, 다음 코에서 짧은뜨기 2코] 3회 (12코)
원형 4단: 모두 짧은뜨기 (12코)
원형 5단: [다음 3코에서 짧은뜨기, 다음 코에서 짧은뜨기 2코] 3회 (15코)
원형 6단: 모두 짧은뜨기 (15코)
원형 7단: [다음 3코에서 짧은뜨기, 짧은뜨기 2코 모아뜨기] 3회 (12코)
원형 8단: 모두 짧은뜨기 (12코)
원형 9단: [다음 2코에서 짧은뜨기, 짧은뜨기 2코 모아뜨기] 3회 (9코)
원형 10단: 모두 짧은뜨기 (9코)
원형 11단: 모두 짧은뜨기 (9코)
원형 12단: [다음 코에서 짧은뜨기, 짧은뜨기 2코 모아뜨기] 3회 (6코)
원형 13단: 두 손가락으로 편물을 평평하게 잡는다. 여기서부터 단뜨기로 평면 작업을 시작한다. 사슬뜨기 1코. 사슬의 앞코와 뒤코에 바늘을 통과시켜서 짧은뜨기. 같은 방법으로 짧은뜨기를 2회 더 한다. (3코)
14단: 사슬뜨기 1코, 각 코마다 짧은뜨기 2코 (6코)
15단: 사슬뜨기 1코, 모두 빼뜨기 (6코). 마무리한다.

등지느러미 (1개 만든다)
1단: 사슬뜨기 5코
2단: 바늘에서 두 번째 사슬부터 시작해서 빼뜨기 4코. 마무리한다.

눈두덩 (2개 만든다)
1단: 원형코뜨기, 고리에서 짧은뜨기 6코. 다음 코에서 빼뜨기. 마무리하면서, 몸통에 붙일 때 사용할 실을 길게 남긴다.

옆지느러미 (2개 만든다)
1단: 사슬뜨기 3코
2단: 바늘에서 두 번째 사슬부터 시작해서 짧은뜨기 2코 (2코)
3단: 사슬뜨기 1코, 짧은뜨기, 다음 코에서 짧은뜨기 2코 (3코) 마무리한다.

붙이기
코바늘로 지느러미를 몸통에 붙이는데, 필요하면 매듭을 짓도록 한다. 돗바늘로 눈두덩의 가운데와 아래 가장자리를 몸통에 꿰매어 붙인다. 눈으로 쓸 작은 원 2개를 펠트에서 잘라내고, 그 위에 자수용 실과 바늘로 프렌치 노트 스티치를 놓아 몸통에 붙인다.

57 폴립산호
완성작 보기 ▶ 30쪽

실: 병태사
바늘: 실을 감아서 폴립을 만들 펜이나 대바늘
부재료: 악센트 컬러 준세사

뜨는 방법

알아두기: '모아뜨기'는 '짧은뜨기 2코 모아뜨기'를 말합니다.

중심 몸통 (1개 만든다)
원형 1단: 사슬뜨기 16코. 첫 코에서 빼뜨기해서 고리를 만든다.
원형 2단: 모두 짧은뜨기 (16코)
원형 3단: 모두 짧은뜨기 (16코)
원형 4단: 모두 짧은뜨기 (16코)
원형 5단: 모두 짧은뜨기 (16코)
원형 6단: 모두 짧은뜨기 (16코)
원형 7단: 사슬뜨기 6코. 그런 다음 6코 건너뛰고 짧은뜨기 10코. 이 지점에서 첫 번째 가지를 시작한다. (16코)
원형 8단: 짧은뜨기 8코. 모아뜨기. 짧은뜨기 4코. 모아뜨기 (14코)
원형 9단: 짧은뜨기 3코. 모아뜨기. 짧은뜨기 9코 (13코)
원형 10단: 짧은뜨기 7코. 사슬뜨기 5코. 그런 다음 5코 건너뛰고 짧은뜨기 1코. 이 지점에서 두 번째 가지를 시작한다. (13코)
원형 11단: 모두 짧은뜨기 (13코)
원형 12단: 모두 짧은뜨기 (13코)
원형 13단: [모아뜨기, 짧은뜨기 2코] 3회 (9코, 불완전한 단)
원형 14단: [모아뜨기, 짧은뜨기] 2회, 모아뜨기 (6코, 불완전한 단)
원형 15단: [짧은뜨기 3코 모아뜨기] 2회. 마무리한다.

가지 1 (몸통에 만들어둔 첫 번째 가지 뜨는 지점에서 시작)
원형 1단: 짧은뜨기 12코
원형 2단: 모두 짧은뜨기 (12코)
원형 3단: [짧은뜨기 1코, 모아뜨기] 4회 (8코)
원형 4단: 짧은뜨기, 모아뜨기, 짧은뜨기, 모아뜨기, 짧은뜨기. (5코, 불완전한 단)
원형 5단: [짧은뜨기 3코 모아뜨기] 2회. 마무리한다.

가지 2 (몸통에 만들어둔 두 번째 가지 뜨는 지점에서 시작)
원형 1단: 짧은뜨기 10코
원형 2단: 모두 짧은뜨기 (10코)
원형 3단: [모아뜨기, 짧은뜨기] 3회 (6코, 불완전한 단)
원형 4단: 모아뜨기, 짧은뜨기, [짧은뜨기 3코 모아뜨기]. 마무리한다.

붙이기
몸통에 붙일 폴립을 14개 이상 만든다.
준세사를 대바늘이나 펜에 6~8번 감아서 코일을 만들고, 양쪽 끝에 약 7.5cm 길이로 실을 남긴다. 양쪽 끝에 남긴 실을 코바늘로 코일 안에 통과시킨다. 그런 다음 코일 밖으로 나온 양쪽 실을 묶는다. 마지막으로 이 실을 사용하여 폴립을 몸통에 매어 붙인다.

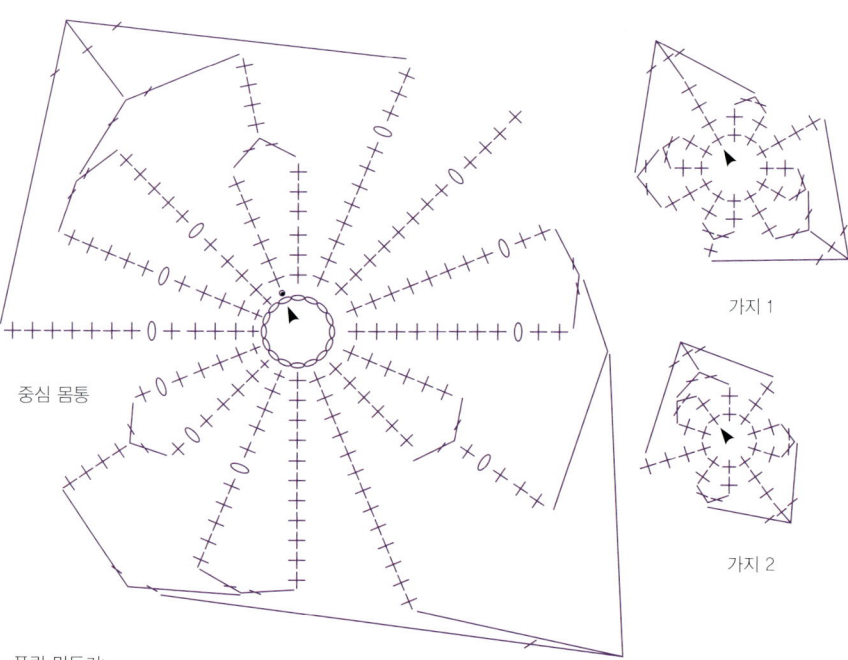

중심 몸통

가지 1

가지 2

폴립 만들기:

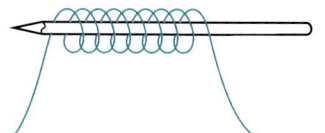
1. 털실을 펜/대바늘에 감습니다.

2. 코바늘로 양쪽 실을 코일 안에 통과시킵니다.

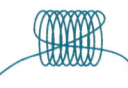
3. 양쪽 실을 묶습니다.

4. 이 실로 폴립을 몸통에 답니다.

58 보라감마

완성작 보기 ▶ 30쪽

실: 합태사
부재료: 흰색 펠트, 검은색 포니비즈, 바느질용 실과 바늘, 솜

뜨는 방법

몸통
원형코뜨기를 한다.
원형 1단: 고리에서 짧은뜨기 6코
원형 2단: [짧은뜨기, 다음 코에서 짧은뜨기 2코] 3회 (9코)
원형 3단: 모두 짧은뜨기 (9코)
원형 4단: 모두 짧은뜨기 (9코)
원형 5단: [다음 2코에서 짧은뜨기, 다음 코에서 짧은뜨기 2코] 3회 (12코)
원형 6단: [다음 2코에서 짧은뜨기, 다음 코에서 짧은뜨기 2코] 4회 (16코)
원형 7단: [다음 코에서 짧은뜨기 2코, 다음 7코에서 짧은뜨기] 2회 (18코)
원형 8단: 모두 짧은뜨기 (18코)
원형 9단: [다음 5코에서 짧은뜨기, 다음 코에서 짧은뜨기 2코] 3회 (21코)
원형 10~12단: 모두 짧은뜨기 (21코)
원형 13단: [다음 5코에서 짧은뜨기, 짧은뜨기 2코 모아뜨기] 3회 (18코)
원형 14단: 모두 짧은뜨기 (18코)
원형 15단: [다음 4코에서 짧은뜨기, 짧은뜨기 2코 모아뜨기] 3회 (15코)
원형 16단: 모두 짧은뜨기 (15코)
원형 17단: 다음 9코에서 짧은뜨기, 짧은뜨기 2코 모아뜨기, 다음 4코에서 짧은뜨기 (14코)
원형 18단: [짧은뜨기 2코 모아뜨기, 다음 5코에서 짧은뜨기] 2회 (12코)
원형 19단: 모두 짧은뜨기 (12코)
원형 20단: [짧은뜨기 2코 모아뜨기, 다음 4코에서 짧은뜨기] 2회 (10코)
원형 21단: 모두 짧은뜨기 (10코)
원형 22단: [다음 3코에서 짧은뜨기, 짧은뜨기 2코 모아뜨기] 2회 (8코)
원형 23단: 모두 짧은뜨기 (8코)
여기서 물고기 몸통에 솜을 채우고 봉한 다음, 단뜨기로 꼬리를 만든다.
24단: 사슬뜨기 1코. 바늘을 이전 단 앞뒤 코의 양쪽 루프 가운데에 집어넣고 짧은뜨기해서 구멍을 봉하기 시작한다. 3회 더 반복하는데, 매번 바늘을 2코의 양쪽 루프에 걸어 구멍을 봉한다. (4코)
25단: 사슬뜨기 1코, 다음 2코에서 짧은뜨기, 다음 2코에서 짧은뜨기, 다음 코에서 짧은뜨기 2코 (6코)
26단: 사슬뜨기 2코, 다음 2코에서 1길 긴뜨기, 다음 2코에서 짧은뜨기, 다음 2코에서 빼뜨기 (6코). 마무리한다.

옆지느러미 (2개 만든다)
1단: 사슬뜨기 5코
2단: 바늘에서 두 번째 사슬부터 시작하여 다음 4코에서 짧은뜨기 (4코)
3단: 빼뜨기, 다음 2코에서 짧은뜨기, 1길 긴뜨기. 마무리한다.

등지느러미 (1개 만든다)
1단: 사슬뜨기 8코
2단: 바늘에서 두 번째 사슬부터 시작하여 빼뜨기, 다음 2코에서 짧은뜨기, 다음 4코에서 1길 긴뜨기. (7코) 마무리한다.

붙이기
옆과 등지느러미를 몸통에 붙인다. 눈을 만들려면 동그랗게 잘라낸 흰색 펠트에 바느질용 실과 바늘로 포니비즈를 달아 몸통에 붙인다.

59 거품산호
완성작 보기 ▶ 31쪽

실: 병태사

뜨는 방법

알아두기: '5코 모아뜨기'는 '짧은뜨기 5코 모아뜨기'를 말하며, '6코 넣어뜨기'는 '다음 코에 짧은뜨기 6코 넣어뜨기'를 뜻합니다.

원형코뜨기를 한다.
원형 1단: 고리에서 짧은뜨기 6코
원형 2단: [다음 코에서 짧은뜨기 2코, 다음 코에서 짧은뜨기 6코] 3회 (24코)
원형 3단: 짧은뜨기, 6코 넣어뜨기, 5코 모아뜨기, 짧은뜨기, 6코 넣어뜨기, 짧은뜨기, 5코 모아뜨기, 짧은뜨기, 6코 넣어뜨기, 짧은뜨기, 5코 모아뜨기, 짧은뜨기 (27코)
원형 4단: 6코 넣어뜨기, 5코 모아뜨기, 짧은뜨기, 6코 넣어뜨기, 짧은뜨기, 5코 모아뜨기, 짧은뜨기, 6코 넣어뜨기, 짧은뜨기, 6코 넣어뜨기, 5코 모아뜨기, 짧은뜨기, 6코 넣어뜨기, 짧은뜨기, 6코 넣어뜨기 (45코)
원형 5단: 5코 모아뜨기, 짧은뜨기 2코, 6코 넣어뜨기, 5코 모아뜨기, 짧은뜨기, 6코 넣어뜨기, 짧은뜨기 2코, 5코 모아뜨기, 짧은뜨기, 6코 넣어뜨기, 5코 모아뜨기, 짧은뜨기 3코, 5코 모아뜨기, 짧은뜨기, 6코 넣어뜨기, 5코 모아뜨기, 짧은뜨기 (41코)
원형 6단: 6코 넣어뜨기, 짧은뜨기, 6코 넣어뜨기, 5코 모아뜨기, 짧은뜨기 2코, 6코 넣어뜨기, 5코 모아뜨기, 짧은뜨기 2코, 6코 넣어뜨기, 짧은뜨기 2코, 5코 모아뜨기, 짧은뜨기, 6코 넣어뜨기, 짧은뜨기, 6코 넣어뜨기, 짧은뜨기 4코, 5코 모아뜨기, 짧은뜨기 3코 (55코)
원형 7단: 5코 모아뜨기, 짧은뜨기 2코, 5코 모아뜨기, 짧은뜨기 4코, 5코 모아뜨기, 짧은뜨기 4코, 5코 모아뜨기, 짧은뜨기 5코, 5코 모아뜨기, 짧은뜨기 2코, 5코 모아뜨기, 짧은뜨기 6코, 빼뜨기 2코 (31코)

코바늘뜨기 디자인 | 93

60 분홍산호
완성작 보기 ▶ 31쪽

실: 병태사
부재료: 돗바늘 (선택사항)

뜨는 방법

알아두기: 이번 패턴 작업을 하는 동안에는 가지를 몸통에 덧붙이는 기술을 배울 수 있습니다. 짧은뜨기 코를 사슬코로 대체하면서 구멍을 만들어 넣는 것이지요. 이 방법을 활용해서 31쪽에 있는 크고 자유분방한 형태의 가지를 만들 때는 사슬코 10코 또는 12코로 시작합니다. '모아뜨기'는 '짧은뜨기 2코 모아뜨기'를 의미합니다.

붙이기
가지 뜨기 지점으로 사용한 구멍을 완전히 막기는 힘들기 때문에, 그 귀퉁이를 코바늘이나 돗바늘로 꿰매도록 한다.

중심 몸통 (1개 만든다)
원형 1단: 사슬뜨기 8코, 첫 사슬에서 빼뜨기해서 고리를 만든다.
원형 2~5단: 4단 모두 짧은뜨기 (8코)
원형 6단: 사슬뜨기 4코, 그런 다음 4코를 건너뛰어 첫 번째 가지 뜨기 지점을 만들고, 짧은뜨기 4코 (8코)
원형 7단: 짧은뜨기 4코, 모아뜨기, 짧은뜨기 2코 (7코)
원형 8단: 모두 짧은뜨기 (7코)
원형 9단: 모아뜨기, 짧은뜨기 5코 (6코)
원형 10단: 짧은뜨기 3코, 사슬뜨기 3코 (6코)
다음 단을 시작하기 전에 3코를 건너뛴다 – 여기가 두 번째 가지 뜨기 지점이 된다.
원형 11단: 짧은뜨기 1코, 모아뜨기, 짧은뜨기 3코 (5코)
원형 12단: 짧은뜨기 2코, 모아뜨기, 짧은뜨기 1코 (4코)
원형 13단: 모두 짧은뜨기 (4코)
원형 14단: 짧은뜨기 1코, 모아뜨기, 짧은뜨기 1코 (3코)
원형 15단: 모두 짧은뜨기 (3코). 마무리한다.

가지 1 (첫 번째 가지 뜨기 지점에서 시작)
원형 1단: 짧은뜨기 7코 (7코)
원형 2단: 모두 짧은뜨기 (7코)
원형 3단: 짧은뜨기 3코 모아뜨기, [모아뜨기] 2회 (3코)
원형 4단: 짧은뜨기 3코 모아뜨기 (1코). 마무리한다.

가지 2 (두 번째 가지 뜨기 지점에서 시작)
원형 1단: 짧은뜨기 5코 (5코)
원형 2단: 모두 짧은뜨기 (5코)
원형 3단: 모아뜨기, 짧은뜨기 3코 (4코)
원형 4단: 짧은뜨기 2코, 모아뜨기 (3코)
원형 5단: 짧은뜨기 3코 모아뜨기 (1코). 마무리한다.

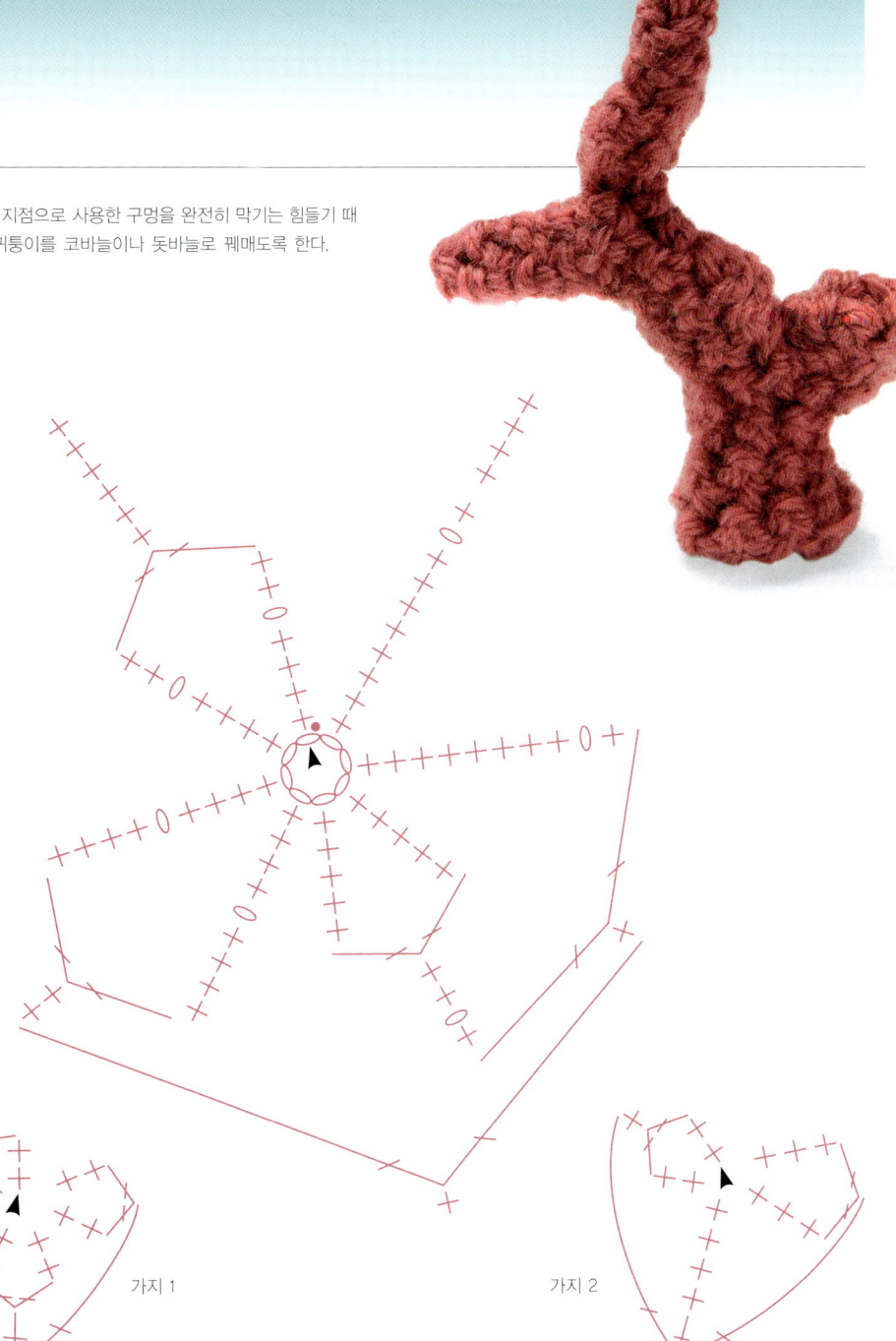

가지 1

가지 2

61 해마
완성작 보기 ▶ 31쪽

실: 병태사
부재료: 솜, 트위스트 끈, 바느질용 실과 바늘, 포니비즈, 흰색 펠트

뜨는 방법

몸통
원형 1단: 사슬뜨기 3코. 첫 사슬에서 빼뜨기해서 고리를 만든다. (3코)
원형 2단: 모두 짧은뜨기 (3코)
원형 3단: 모두 짧은뜨기 (3코)
원형 4단: 각 코마다 짧은뜨기 3코 (9코)
원형 5단: 다음 3코에서 1길 긴뜨기 2코, 다음 2코에서 짧은뜨기, 다음 2코에서 빼뜨기, 다음 2코에서 짧은뜨기 (12코)
원형 6단: 다음 6코에서 1길 긴뜨기, 짧은뜨기 2코 모아뜨기, 다음 2코에서 빼뜨기, 짧은뜨기 2코 모아뜨기 (10코)
원형 7단: 다음 4코에서 1길 긴뜨기, 다음 2코에서 짧은뜨기, 다음 2코에서 빼뜨기, 다음 2코에서 짧은뜨기 (10코)
원형 8단: 다음 4코에서 1길 긴뜨기, 다음 2코에서 짧은뜨기, 다음 2코에서 빼뜨기, 다음 2코에서 짧은뜨기 (10코)
원형 9단: 다음 4코에서 1길 긴뜨기, 다음 2코에서 짧은뜨기, 다음 2코에서 빼뜨기, 다음 2코에서 짧은뜨기 (10코)
원형 10단: 다음 5코에서 짧은뜨기, 다음 5코에서 각각 짧은뜨기 2코 (15코)
원형 11단: 다음 9코에서 짧은뜨기, 다음 3코에서 각각 짧은뜨기 2코, 다음 3코에서 짧은뜨기 (18코)
원형 12단: 모두 짧은뜨기 (18코)
원형 13단: 모두 짧은뜨기 (18코)
원형 14단: [다음 4코에서 짧은뜨기, 짧은뜨기 2코 모아뜨기] 3회 (15코)
원형 15단: 모두 짧은뜨기 (15코)
원형 16단: [다음 3코에서 짧은뜨기, 짧은뜨기 2코 모아뜨기] 3회 (12코)
원형 17단: 모두 짧은뜨기 (12코)

해마의 속을 채우고 트위스트 끈을 넣어준다. 꼬리를 지탱하는 심지 둘레로 코바늘뜨기를 하게 된다.

원형 18단: [다음 2코에서 짧은뜨기, 짧은뜨기 2코 모아뜨기] 3회 (9코)
원형 19단: 모두 짧은뜨기 (9코)
원형 20단: [짧은뜨기, 짧은뜨기 2코 모아뜨기] 3회 (6코)
원형 21단: 모두 짧은뜨기 (6코)
원형 22단: 모두 짧은뜨기 (6코)
원형 23단: 짧은뜨기 2코 모아뜨기, 다음 4코에서 짧은뜨기 (5코)
원형 24단: 짧은뜨기 2코 모아뜨기, 다음 3코에서 짧은뜨기 (4코)
원형 25단: 모두 짧은뜨기 (4코)
원형 26단: 모두 짧은뜨기 (4코)

심지의 남은 부분을 자르거나 몸통 속으로 밀어 넣어서 꼬리 밖으로 아무것도 나오지 않게 한다.

원형 27단: [짧은뜨기 2코 모아뜨기] 2회 (2코). 마무리한다.

등지느러미
1단: 사슬뜨기 6코
2단: 바늘에서 두 번째 사슬부터 시작하여 각 코마다 짧은뜨기 (5코). 마무리한다.

붙이기
등지느러미를 붙인다. 작은 원 모양으로 자른 흰색 펠트에 포니비즈를 꿰매고 이것을 다시 눈 부분에 바느질해서 붙인다.

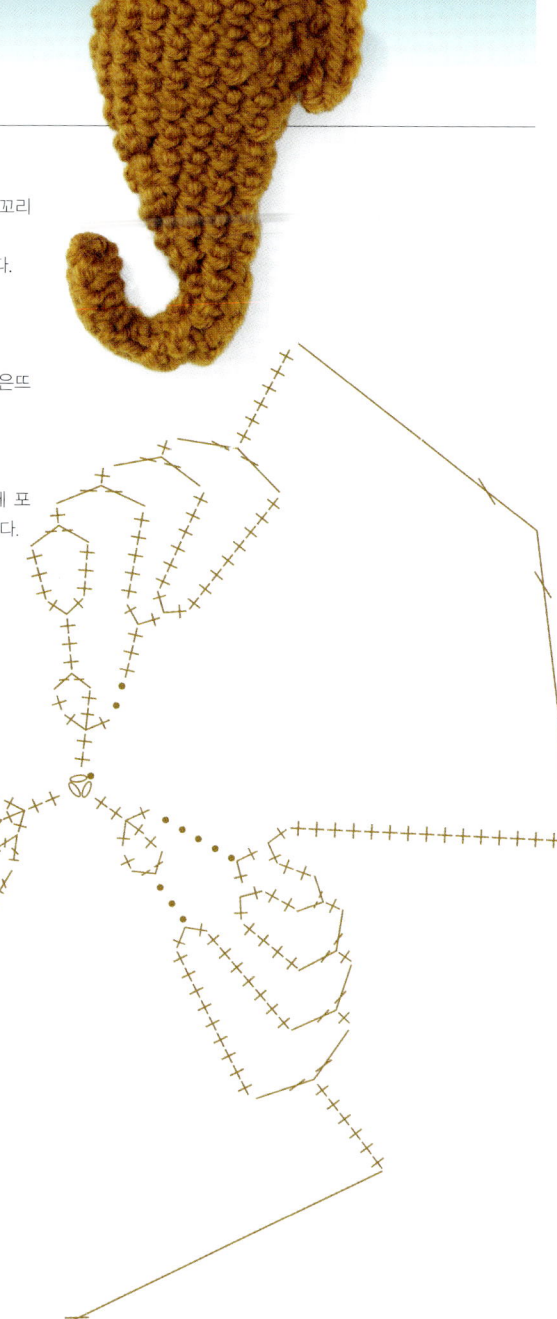

62 파랑줄무늬 그루퍼
완성작 보기 ▶ 33쪽

실: 병태사
부재료: 바느질용 바늘, 파란색 실, 포니비즈, 자수용 바늘, 파란색 자수용 실, 파란색 펠트

뜨는 방법

몸통
원형코뜨기를 한다.
- 원형 1단: 고리에서 짧은뜨기 6코
- 원형 2단: [다음 코에서 짧은뜨기 2코, 다음 코에서 짧은뜨기] 3회 (9코)
- 원형 3단: [다음 코에서 짧은뜨기 2코, 다음 코에서 짧은뜨기] 4회, 다음 코에서 짧은뜨기 2코 (14코)
- 원형 4단: [다음 코에서 짧은뜨기 2코, 다음 6코에서 각각 짧은뜨기] 2회 (16코)
- 원형 5~10단: 6단 모두 짧은뜨기 (16코)
- 원형 11단: [짧은뜨기 2코 모아뜨기, 다음 6코에서 각각 짧은뜨기] 2회 (14코)
- 원형 12단: [짧은뜨기 2코 모아뜨기, 다음 5코에서 각각 짧은뜨기] 2회 (12코)
- 원형 13단: [다음 2코에서 각각 짧은뜨기, 짧은뜨기 2코 모아뜨기] 3회 (9코)
- 원형 14단: [짧은뜨기 2코 모아뜨기, 다음 코에서 짧은뜨기] 3회 (6코)
- 원형 15단: [다음 코에서 짧은뜨기, 짧은뜨기 2코 모아뜨기] 2회 (4코)
- 원형 16단: 빼뜨기 (불완전한 단). 마무리한다.

붙이기
자수용 실을 몸통 위로 가로지르게 하여 문양을 만드는데, 이때 바느질용 실과 바늘로 한 땀씩 떠서 자수용 실을 고정시킨다. 이 작업을 꼬리 부분(16번째 단)부터 시작해서 한 바퀴 돌아서 다시 꼬리에서 끝내면, 나중에 꼬리에 펠트 조각을 붙이면서 자연스럽게 실 끝이 드러나지 않게 된다. 등, 배, 꼬리, 옆 지느러미를 펠트로 오려서 바느질용 실과 바늘로 몸통에 붙이고, 포니비즈를 달아 눈을 완성한다.

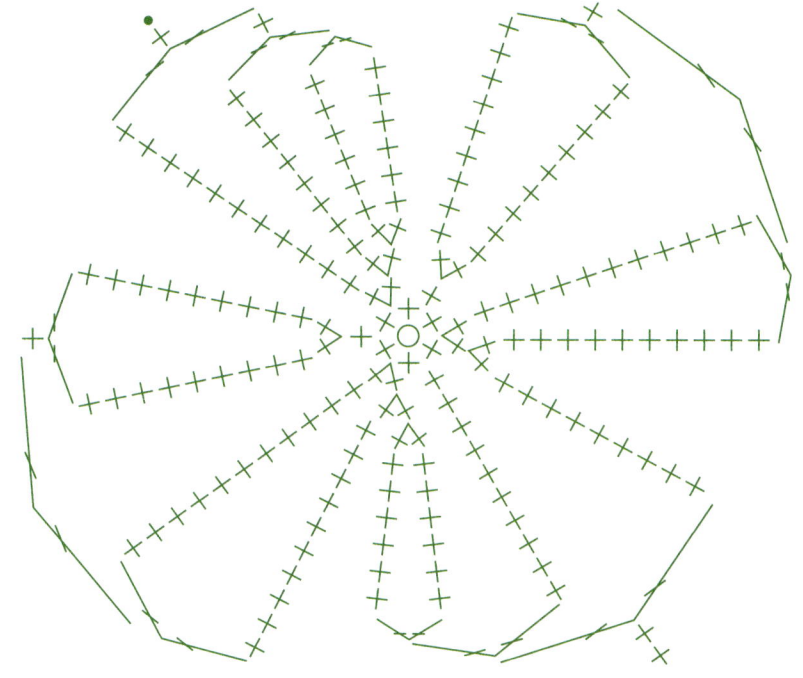

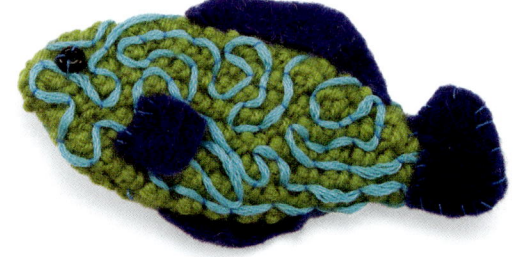

63 뇌석산호

완성작 보기 ▶ 32쪽

실: 아크릴 병태사, 그러데이션된 중세사

뜨는 방법

알아두기: 이와 같은 형태의 '쌍곡선' 물체 모형을 만들 때 코바늘뜨기를 처음으로 활용한 사람은 코넬 대학교 수학과의 다이나 타이미나 교수입니다.

원형 1단: 아크릴 실로 사슬뜨기 10코, 첫 사슬에서 빼뜨기해서 고리를 만든다.
2~4단을 뜰 때는 사슬의 앞, 뒤 양쪽 루프로 작업한다(19쪽 코바늘뜨기, 알아두세요 참조).
원형 2단: 코마다 각각 짧은뜨기 3코 (30코)
원형 3단: 코마다 각각 짧은뜨기 3코 (90코)
원형 4단: 코마다 각각 짧은뜨기 3코 (270코)
원형 5단: 그러데이션된 실로 뒤쪽 루프에서만 모두 빼뜨기 (270고) 마무리한다.

64 가시복
완성작 보기 ▶ 32쪽

실: 병태사 흑백 상강 (흰색 바탕에 검은 얼룩무늬가 있는 실)
부재료: 돗바늘, 짙은 회색 털실, 플라스틱 인형 눈, 솜

뜨는 방법

몸통
원형코뜨기를 한다.
원형 1단: 고리에서 짧은뜨기 6코
원형 2단: 코마다 각각 짧은뜨기 2코 (12코)
원형 3단: [다음 코에서 짧은뜨기 2코, 다음 코에서 짧은뜨기] 6회 (18코)
원형 4단: [다음 2코에서 각각 짧은뜨기, 다음 코에서 짧은뜨기 2코] 6회 (24코)
원형 5단: [다음 코에서 짧은뜨기 2코, 다음 3코에서 각각 짧은뜨기] 6회 (30코)
원형 6단: 모두 짧은뜨기 (30코)
원형 7단: 모두 짧은뜨기 (30코)
원형 8단: 모두 짧은뜨기 (30코)
여기까지 뜬 후, 플라스틱 눈을 4단에 붙인다.
원형 9단: [짧은뜨기 2코 모아뜨기, 다음 3코에서 각각 짧은뜨기] 6회 (24코)
원형 10단: [다음 2코에서 각각 짧은뜨기, 짧은뜨기 2코 모아뜨기] 6회 (18코)
원형 11단: [짧은뜨기 2코 모아뜨기, 다음 코에서 짧은뜨기] 6회 (12코)
원형 12단: [짧은뜨기 2코 모아뜨기] 6회 (6코)
여기서 몸통에 솜을 채워넣는다. 이제 구멍을 막고 단뜨기로 꼬리를 만들기 시작한다.
13단: 눈을 기준으로 물고기의 위나 아래쪽에서 작업하는 것이 아니라면 위나 아래에 도달할 때까지 짧은뜨기한다. 앞 단에서 앞코와 뒤코의 양쪽 루프에 바늘을 넣어 짧은뜨기를 하면서 구멍을 봉하기 시작한다. 두 번 더 반복하는데, 매번 앞뒤 두 코에서 양쪽 루프를 바늘로 걸어 구멍을 봉하도록 한다. (3코)
14단: 사슬뜨기 1코, 다음 코에서 짧은뜨기 2코, 짧은뜨기, 다음 코에서 짧은뜨기 2코 (5코). 마무리한다.

옆지느러미 (2개 만든다)
1단: 사슬뜨기 3코
2단: 바늘에서 두 번째 사슬부터 시작하여 각 코마다 짧은뜨기 (2코)
3단: 사슬뜨기, 바늘에서 두 번째 사슬부터 시작하여 각 코마다 짧은뜨기 (2코). 마무리한다.

붙이기
눈 뒤편으로 옆지느러미를 붙인다. 털실을 6cm 길이로 여러 가닥 자른다. 자른 실 1개를 반으로 접어서 접은 부분을 몸어 겉면에 있는 루프로 통과시킨 다음, 실의 끝 부분을 접은 부분 가운데 구멍으로 통과시켜 당기면서 단단히 조인다. 이렇게 해서 실을 모두 붙였으면 1cm 길이로 다듬어준다. 짙은 회색 털실로 눈과 눈 사이에 입을 수놓는다.

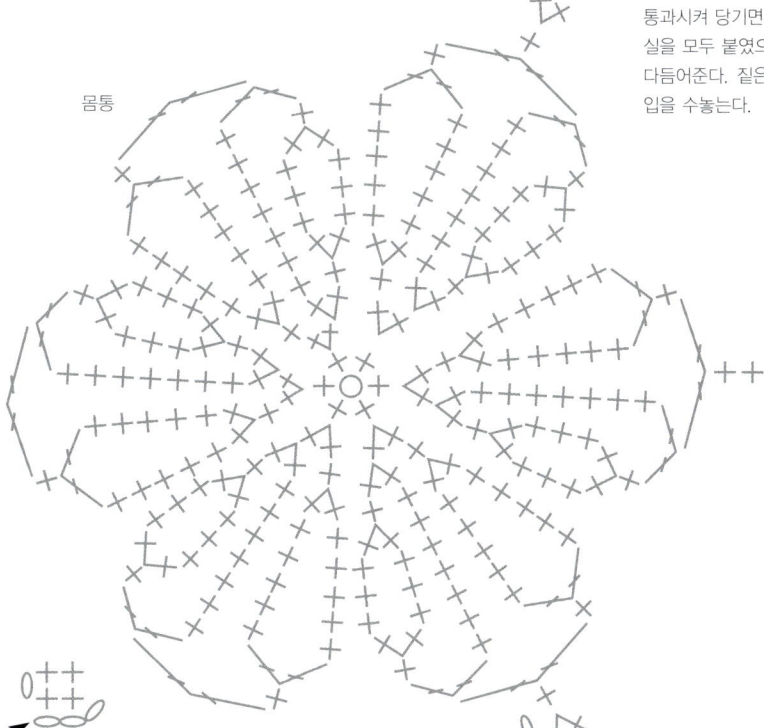

몸통

옆지느러미

65 불리온산호

완성작 보기 ▶ 32쪽

실: 병태사 호박색, 연분홍색
부재료: 돗바늘

뜨는 방법

알아두기: 불리온 스티치를 하려면 실을 바늘에 6번 감습니다. 그런 다음 바늘을 코 사이에 넣고, 실을 앞으로 옮겨서 바늘에 감아 1코를 만들고, 바늘에 있는 마지막 루프를 제외하고 모두 빼냅니다. 마지막으로 실을 앞으로 옮겨서 바늘에 감아 1코를 만들고 남아 있는 두 루프를 모두 빼냅니다.

모듈 1 (1개 만든다)
원형 1단: 호박색 실로 사슬뜨기 4코. 첫 사슬에서 빼뜨기해서 고리를 만든다.
원형 2단: 사슬뜨기 3코, 각 코마다 불리온 스티치 3코 (12코), 빼뜨기 2코
원형 3단: 연분홍색 실로 바꾸고 2단을 시작하면서 만든 사슬코 중 마지막 코까지 포함해서 각 코마다 짧은뜨기 2코 (26코), 빼뜨기 2코 그리고 마무리한다.

모듈 2 (3개 만든다)
원형 1단: 호박색 실로 사슬뜨기 3코. 첫 사슬에서 빼뜨기해서 고리를 만든다.
원형 2단: 사슬뜨기 3코, 각 코마다 불리온 스티치 3코 (9코), 빼뜨기 2코
원형 3단: 연분홍색 실로 바꾸고 2단을 시작하면서 만든 사슬코 중 마지막 코까지 포함해서 각 코마다 짧은뜨기 2코 (20코), 빼뜨기 2코 그리고 마무리한다.

모듈 3 (1개 만든다)
원형 1단: 호박색 실로 사슬뜨기 2코. 첫 사슬에서 빼뜨기해서 고리를 만든다.
원형 2단: 사슬뜨기 3코, 각 코마다 불리온 스티치 3코 (6코), 빼뜨기 2코
원형 3단: 연분홍색 실로 바꾸고 2단을 시작하면서 만든 사슬코 중 마지막 코까지 포함해서 각 코마다 짧은뜨기 2코 (14코)

빼뜨기 2코 그리고 마무리한다.

붙이기
돗바늘과 연분홍색 실을 사용하여, 도안대로 모듈을 배열하여 이어준다.

특수 기호
≡ 불리온 스티치

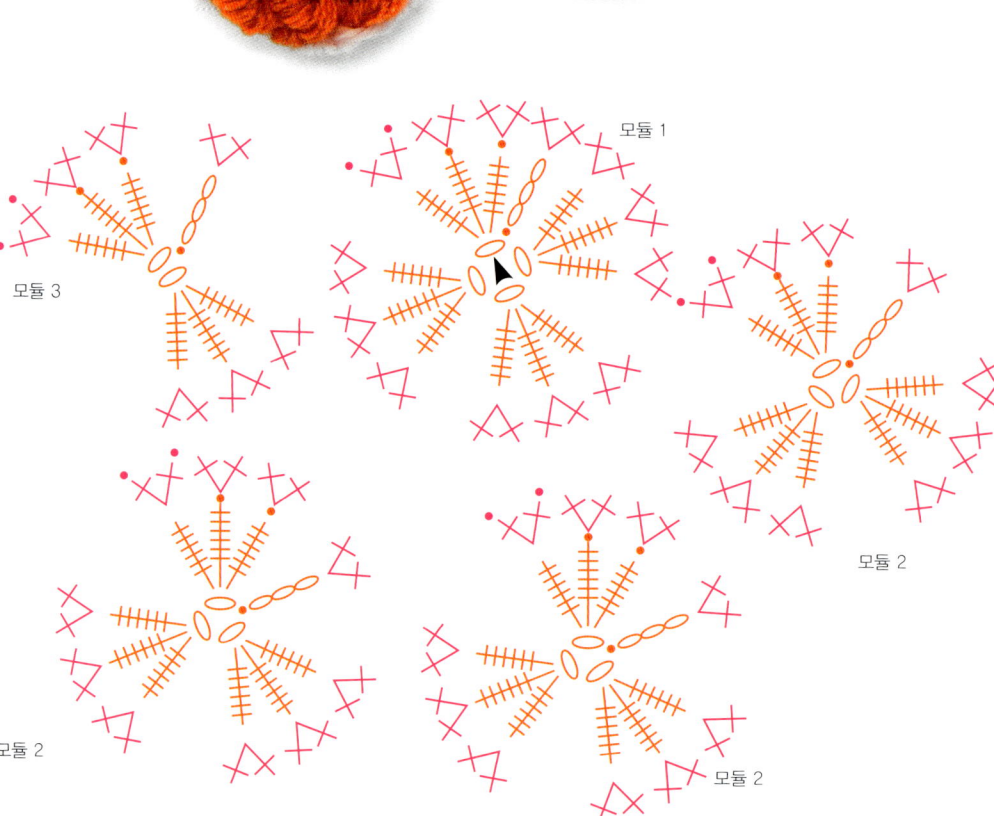

66 앵무고기
완성작 보기 ▶ 33쪽

실: 병태사
부재료: 솜, 인형 눈, 바느질용 실과 바늘, 빨간색과 분홍색 펠트, 자수용 바늘, 빨간색 자수용 실

뜨는 방법

알아두기: 이번 디자인에서 물고기 꼬리는 뜨다가 미완성으로 남겨둡니다. 나머지 부분은 나중에 펠트 조각을 붙이면 되기 때문이지요.

몸통
원형코뜨기를 한다.
원형 1단: 고리에서 짧은뜨기 6코
원형 2단: [다음 코에서 짧은뜨기, 다음 코에서 짧은뜨기 2코] 3회 (9코)
원형 3단: [다음 코에서 짧은뜨기 2코, 다음 2코에서 각각 짧은뜨기] 3회 (12코)
원형 4단: [다음 2코에서 각각 짧은뜨기 2코, 다음 코에서 짧은뜨기] 4회 (20코)
원형 5단: 모두 짧은뜨기 (20코)
원형 6단: 모두 짧은뜨기 (20코)
원형 7단: [짧은뜨기 2코 모아뜨기, 다음 3코에서 각각 짧은뜨기] 4회 (16코)
원형 8단: [짧은뜨기 2코 모아뜨기, 다음 2코에서 각각 짧은뜨기] 4회 (12코)
여기서 몸통에 솜을 약간 채우고(몸통이 완전히 둥근 모양이 될 필요는 없다) 눈을 붙인다.
원형 9단: [짧은뜨기 2코 모아뜨기] 6회 (6코)
원형 10단: 모두 짧은뜨기 (6코)
원형 11단: 모두 짧은뜨기 (6코)
원형 12단: 다음 2코에서 빼뜨기 (불완전한 단)
마무리한다.

붙이기
빨간 펠트에서는 부리 모양을 잘라내고, 분홍 펠트에서는 지느러미와 꼬리를 잘라낸다. 그런 다음 바느질용 바늘로 몸통에 꿰매어 붙이고, 자수용 실과 바늘을 사용하여 몸통과 지느러미가 연결된 경계 부분에 무늬를 수놓는다.

앵무고기의 치아는 워낙 탄탄하게 모여 있기 때문에 마치 새의 부리처럼 생겼으며 산호에서 해조류를 긁어내는 데 사용합니다.

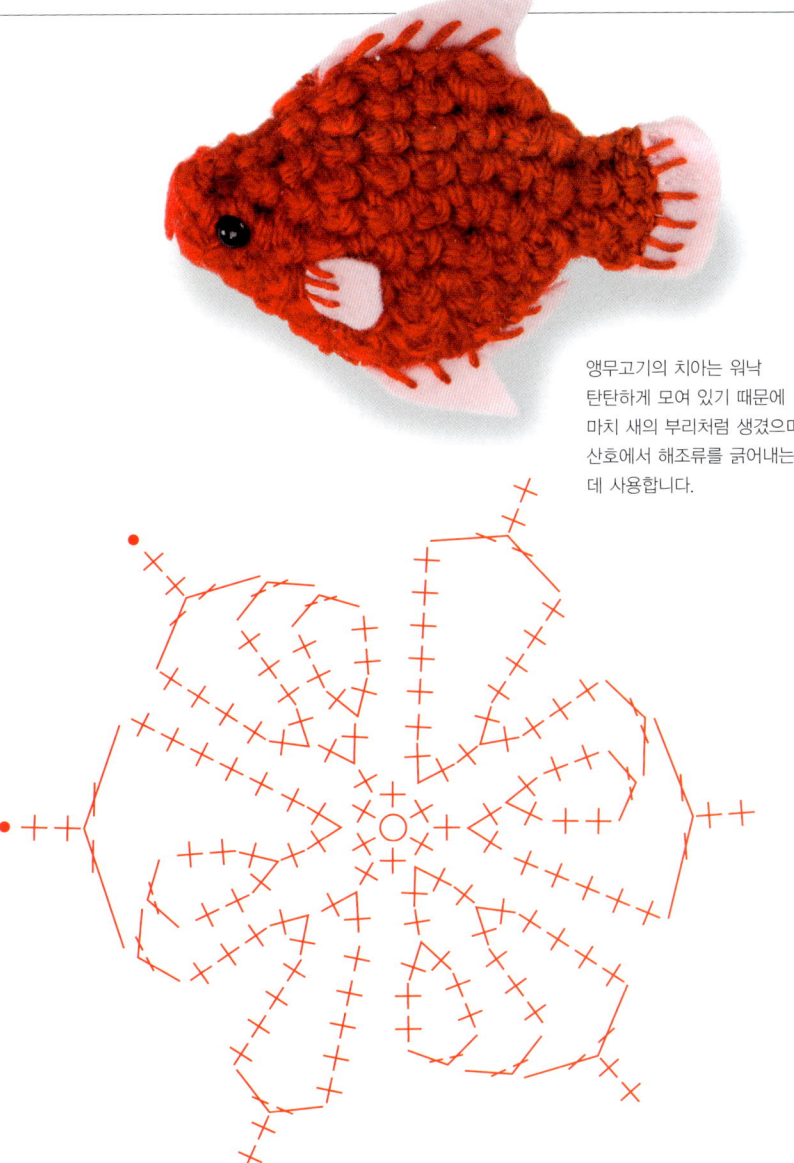

| 67 | **쥐치**
완성작 보기 ▶ 32쪽

실: 병태사
부재료: 인형 눈, 솜, 검은색과 흰색 펠트, 비즈용 실과 바늘, 시드비즈

뜨는 방법

몸통
원형코뜨기를 한다.
원형 1단: 고리에서 사슬뜨기 6코
원형 2단: [다음 2코에서 각각 짧은뜨기, 다음 코에서 짧은뜨기 2코] 2회 (8코)
원형 3단: [다음 코에서 짧은뜨기 2코, 다음 3코에서 각각 짧은뜨기] 2회 (10코)
원형 4단: [다음 4코에서 각각 짧은뜨기, 다음 코에서 짧은뜨기 2코] 2회 (12코)
원형 5단: [다음 코에서 짧은뜨기 2코, 다음 5코에서 각각 짧은뜨기] 2회 (14코)
원형 6단: [다음 코에서 짧은뜨기 2코, 다음 5코에서 각각 짧은뜨기, 다음 코에서 짧은뜨기 2코] 2회 (18코)
원형 7단: [다음 5코에서 각각 짧은뜨기, 다음 코에서 짧은뜨기 2코] 3회 (21코)
원형 8단: [다음 코에서 짧은뜨기 2코, 다음 6코에서 각각 짧은뜨기] 3회 (24코)
원형 9단: [다음 11코에서 각각 짧은뜨기, 다음 코에서 짧은뜨기 2코] 2회 (26코)
원형 10단: 모두 짧은뜨기 (26코)
원형 11단: 모두 짧은뜨기 (26코)
원형 12단: 짧은뜨기 2코 모아뜨기, 다음 2코에서 각각 짧은뜨기 6회, 다음 2코에서 각각 짧은뜨기 (20코)
원형 13단: [다음 3코에서 각각 짧은뜨기, 짧은뜨기 2코 모아뜨기] 4회 (16코)
몸통을 채우고 눈을 단다.
원형 14단: [짧은뜨기 2코 모아뜨기, 다음 2코에서 각각 짧은뜨기] 4회 (12코)
원형 15단: [다음 코에서 짧은뜨기, 짧은뜨기 2코 모아뜨기] 4회 (8코)
원형 16단: 사슬뜨기 1코, 단뜨기로 바꾼다(19쪽 코바늘뜨기, 알아두세요 참조). 15단의 앞뒤 코의 루프를 양쪽 모두 사용하여 짧은뜨기를 한다. 3번 더 반복해서 물고기 몸통을 봉한다. (4코)
17단: 사슬뜨기 1코, 다음 4코에서 각각 짧은뜨기 (4코)
18단: 다음 2코에서 각각 빼뜨기, 다음 코에서 짧은뜨기, 다음 코에서 1길 긴뜨기 2코 (5코). 마무리한다.

붙이기
검은색 펠트를 작게 잘라 두 눈 사이에 붙여서 장식한다. 흰색 펠트에서는 몸과 옆, 등, 배지느러미를 잘라낸다. 비즈용 바늘을 사용하여 잘라낸 조각들을 몸통에 붙이고, 시드비즈로 물고기의 등을 장식한다.

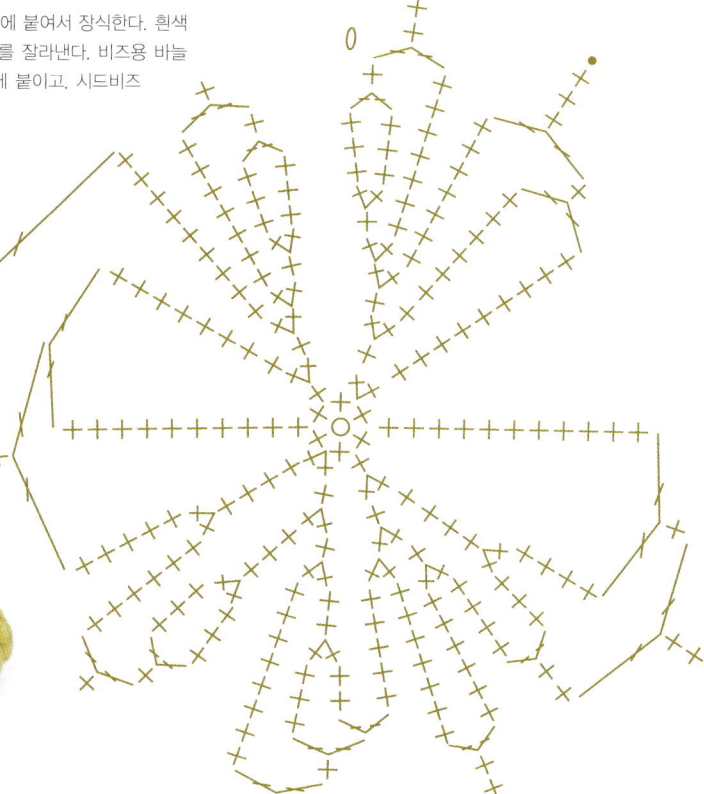

68	새우
	완성작 보기 ▶ 33쪽

실: 병태사
부재료: 포니비즈, 솜, 바느질용 실과 바늘

뜨는 방법

원형 1단: 사슬뜨기 3코. 첫 사슬을 빼뜨기해서 고리를 만든다. (3코)
원형 2단: 모두 짧은뜨기 (3코)
원형 3단: 모두 짧은뜨기 (3코)
원형 4단: 다음 2코에서 각각 짧은뜨기 2코, 다음 코에서 짧은뜨기 (5코)
원형 5단: 다음 4코에서 각각 짧은뜨기 2코, 짧은뜨기 (9코)
원형 6단: 다음 3코에서 각각 짧은뜨기, 다음 2코에서 각각 짧은뜨기 2코, 다음 4코에서 각각 짧은뜨기 (11코)
원형 7단: 다음 4코에서 각각 짧은뜨기, 다음 2코에서 각각 짧은뜨기 2코, 다음 5코에서 각각 짧은뜨기 (13코)
원형 8단: 다음 5코에서 각각 짧은뜨기, 다음 2코에서 각각 짧은뜨기 2코, 다음 6코에서 각각 짧은뜨기 (15코)
원형 9단: 모두 짧은뜨기 (15코)
원형 10단: 모두 짧은뜨기 (15코)
원형 11단: 다음 코에서 1길 긴뜨기, 다음 3코에서 각각 짧은뜨기, 짧은뜨기 2코 모아뜨기 3회, 다음 3코에서 각각 짧은뜨기, 다음 2코에서 각각 1길 긴뜨기 (12코)
원형 12단: 다음 2코에서 각각 1길 긴뜨기, 짧은뜨기 2코 모아뜨기, 다음 4코에서 각각 빼뜨기, 짧은뜨기 2코 모아뜨기, 다음 2코에서 각각 1길 긴뜨기 (10코)
몸통에 속을 채운다.
원형 13단: 다음 2코에서 각각 1길 긴뜨기, 다음 코에서 짧은뜨기, 다음 4코에서 각각 빼뜨기, 다음 코에서 짧은뜨기, 다음 2코에서 각각 1길 긴뜨기 (10코)
원형 14단: 다음 2코에서 각각 1길 긴뜨기, 다음 코에서 짧은뜨기, 다음 4코에서 각각 빼뜨기, 다음 코에서 짧은뜨기, 다음 2코에서 각각 1길 긴뜨기 (10코)
원형 15단: 다음 2코에서 각각 1길 긴뜨기, 짧은뜨기 2코 모아뜨기, 다음 2코에서 각각 빼뜨기, 짧은뜨기 2코 모아뜨기, 다음 2코에서 각각 1길 긴뜨기 (8코)
원형 16단: 다음 2코에서 각각 1길 긴뜨기, 다음 코에서 짧은뜨기, 다음 2코에서 각각 빼뜨기, 다음 코에서 짧은뜨기, 다음 2코에서 각각 1길 긴뜨기 (8코)
원형 17단: 다음 코에서 1길 긴뜨기, 짧은뜨기 2코 모아뜨기, 다음 2코에서 각각 빼뜨기, 짧은뜨기 2코 모아뜨기, 다음 코에서 1길 긴뜨기 (6코)
원형 18단: 다음 2코에서 각각 1길 긴뜨기, 사슬뜨기 1코, 편물을 돌린다.
여기서부터 단뜨기로 시작한다.
19단: 다음 4코에서 각각 짧은뜨기. 마무리한다.

다리 1쌍 (3개 만든다)
털실을 30cm 길이로 자른다. 실을 반으로 접고 가운데 부분이 몸통의 배 부분에 달리도록 코 사이로 집어넣는다. 양쪽으로 빠져나온 실에 사슬뜨기 6코를 각각 떠서 마무리하여 다리를 만든다. 이 과정을 2번 더 반복하여 모두 6개의 다리를 만든다.

붙이기
포니비즈를 달아 눈을 만든다.

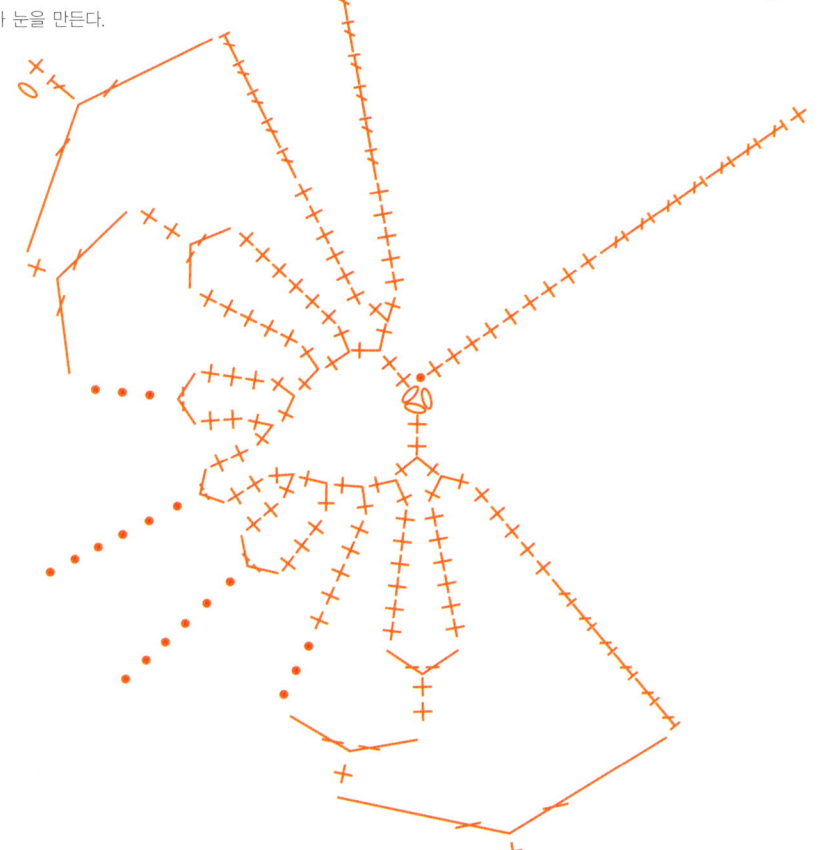

69 구형球刑 잠수기
완성작 보기 ▶ 35쪽

실: 병태사

부재료: 악센트 컬러 털실, 돗바늘, 솜, 가로세로 5cm 천 조각

뜨는 방법

알아두기: 기본적으로 잠수기의 선체는 나선 모양으로 만든 개방형 구체입니다. 마지막 단계에서 선체를 장식할 때는 마음껏 창의력을 발휘해보세요.

선체
원형코뜨기를 한다.

원형 1단: 사슬뜨기 1코와 고리에서 짧은뜨기 8코. 빼뜨기

원형 2단: 둘러가며 각각의 코마다 짧은뜨기 2코 (16코)

원형 3단: [다음 코에서 짧은뜨기, 다음 코에서 짧은뜨기 2코] 8회 (24코)

원형 4단: [다음 2코에서 짧은뜨기, 다음 코에서 짧은뜨기 2코] 8회 (32코)

원형 5단: 둘러가며 짧은뜨기 (32코)

원형 6단: 둘러가며 짧은뜨기 (32코)

원형 7단: 둘러가며 짧은뜨기 (32코)

원형 8단: 둘러가며 짧은뜨기 (32코)

원형 9단: [다음 2코에서 짧은뜨기, 짧은뜨기 2코 모아뜨기] 8회 (24코)

이제 선체의 속을 채우고, 열려 있는 부분은 작은 천 조각으로 덮는다.

원형 10단: [다음 코에서 짧은뜨기, 짧은뜨기 2코 모아뜨기] 8회 (16코)

원형 11단: 둘러가며 짧은뜨기 (16코)

원형 12단: 둘러가며 짧은뜨기 (16코)

원형 13단: 다음 2코에서 빼뜨기. 마무리한다.

사슬
사슬뜨기 40코. 선체 윗부분에 붙인다.

붙이기
악센트 컬러 털실로 사슬뜨기를 충분히 길게 해서 선체 창문의 테두리를 만든다. 돗바늘을 사용하여 사슬을 원하는 자리에 붙이고, 기타 기계적 특성을 표현할 만한 세부 장식을 수놓는다 (가령 프렌치 노트 스티치로 리벳 못을 나타내고, 네모 모양으로 패널을 표현하며, 평행한 선으로 장식한다). 악센트 컬러 털실을 2가닥 길게 잘라서 선체에 연결된 2개의 선을 표현한다.

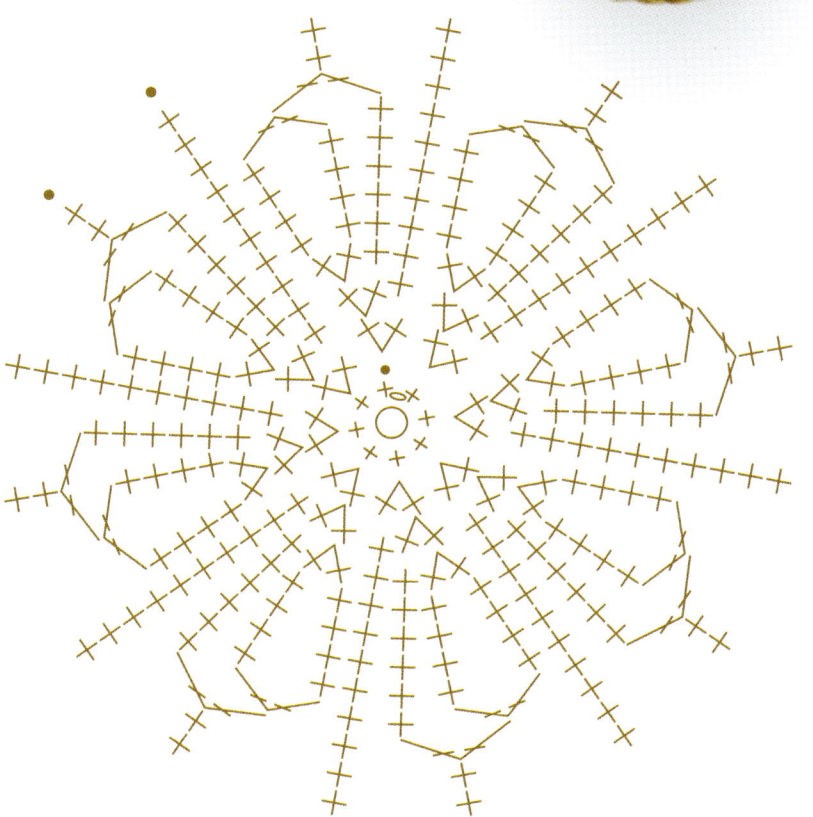

1930년대 다이버들은 이와 같은 구 모양의 잠수기를 타고 해저 900m 깊이까지 내려가서 바닷속을 탐험하곤 했습니다.

70 향유고래
완성작 보기 ▶ 34쪽

실: 병태사
부재료: 돗바늘, 아이보리색 자수용 실, 솜

뜨는 방법

몸통 (1개 만든다)

원형 1단: 사슬뜨기 5코. 바늘에서 두 번째 코에서 짧은뜨기 2코, 다음 코에서 짧은뜨기 2코, 다음 코에서 짧은뜨기 3코. 사슬의 반대편으로 건너가서, 방금 떴던 같은 코에서 짧은뜨기 2코, 다음 코에서 짧은뜨기 2코, 다음 코에서 짧은뜨기 2코, 다음 코에서 짧은뜨기 3코, 다음 코에서 짧은뜨기 3코
원형 2~7단(빨간색): 코마다 각각 짧은뜨기 (19코)
원형 8단: 짧은뜨기 2코 모아뜨기, 짧은뜨기 17코 (18코)
원형 9단: 짧은뜨기 16코, 짧은뜨기 2코 모아뜨기 (17코)
원형 10단: 짧은뜨기 2코 모아뜨기, 짧은뜨기 15코 (16코)
원형 11단: 짧은뜨기 2코 모아뜨기, 짧은뜨기 14코 (15코)
원형 12단: 짧은뜨기 2코 모아뜨기, 짧은뜨기 13코 (14코)
원형 13단: 모두 짧은뜨기 (14코)
원형 14단: 짧은뜨기 2코 모아뜨기, 짧은뜨기 12코 (13코)
원형 15단: 모두 짧은뜨기 (13코)
원형 16단: 짧은뜨기 2코 모아뜨기, 짧은뜨기 11코 (12코)
원형 17단: 짧은뜨기 2코 모아뜨기, 짧은뜨기 10코 (11코)
원형 18단: 짧은뜨기 2코 모아뜨기, 짧은뜨기 9코 (10코) 이 부분까지 뜨고 몸통을 채운다.
원형 19단: 짧은뜨기 2코 모아뜨기, 짧은뜨기 8코 (9코)
원형 20단: 짧은뜨기 2코 모아뜨기, 짧은뜨기 7코 (8코)
원형 21단: 짧은뜨기 2코 모아뜨기, 짧은뜨기 6코 (7코)
원형 22단: 짧은뜨기 2코 모아뜨기, 짧은뜨기 5코 (6코)
원형 23단: 짧은뜨기 2코 모아뜨기 3회 (3코)
마무리한다.

지느러미 (4개 만든다)

1단: 사슬뜨기 6코. 바늘에서 두 번째 사슬에서 짧은뜨기, 1길 긴뜨기 2코, 짧은뜨기, 빼뜨기

붙이기

돗바늘을 사용하여 지느러미 2장은 꼬리로, 나머지 2장은 옆지느러미로 몸통에 붙인다. 자수용 실을 돗바늘에 꿰어 프렌치 노트 스티치를 놓아 눈을 완성한다.

총 5단 반복합니다.

몸통

지느러미

71 귀상어
완성작 보기 ▶ 35쪽

실: 병태사
부재료: 돗바늘, 흰색과 검은색 털실, 솜

뜨는 방법

알아두기: '모아뜨기'는 '짧은뜨기 2코 모아뜨기'를 의미합니다.

눈 연결부 (1개 만든다)
원형코뜨기를 한다.
원형 1단: 고리에서 짧은뜨기 6코
원형 2~7단: 모두 짧은뜨기 (6코)
원형 8단: 짧은뜨기 1코, 짧은뜨기 5코 모아뜨기 (2코). 마무리한다.

몸통 (1개 만든다)
원형 1단: 82쪽 '새 가지 붙이기'의 그림과 같이 눈 연결부에서 짧은뜨기 8코 (8코)
원형 2단: [다음 코에서 짧은뜨기 2코, 다음 3코에서 짧은뜨기] 2회 (10코)
원형 3단: [다음 코에서 짧은뜨기 2코, 다음 4코에서 짧은뜨기] 2회 (12코)
원형 4단: [다음 코에서 짧은뜨기 2코, 다음 5코에서 짧은뜨기] 2회 (14코)
원형 5~8단: 모두 짧은뜨기 (14코)
원형 9단: [모아뜨기, 다음 5코에서 짧은뜨기] 2회 (12코)
원형 10단: 다음 5코에서 짧은뜨기, 모아뜨기, 다음 5코에서 짧은뜨기 (11코)
원형 11단: 모아뜨기, 다음 9코에서 짧은뜨기 (10코)
원형 12단: 모아뜨기, 다음 8코에서 짧은뜨기 (9코)
원형 13단: 모아뜨기, 다음 7코에서 짧은뜨기 (8코)
여기까지 뜨고 몸통을 솜으로 채운다.
원형 14단: 모아뜨기, 다음 6코에서 짧은뜨기 (7코)
원형 15단: 모아뜨기, 다음 5코에서 짧은뜨기 (6코)
원형 16단: 모아뜨기 3회 (3코). 마무리한다.

지느러미 (5개 만든다)
1단: 사슬뜨기 8코
2단: 바늘로부터 네 번째 사슬에서 1길 긴뜨기, 다음 코에서 1길 긴뜨기, 다음 2코에서 짧은뜨기, 빼뜨기. 마무리한다.

붙이기
돗바늘로 등지느러미 1장, 꼬리지느러미 2장, 옆지느러미 2장을 꿰매어 붙인다. 그런 다음 검은색 털실을 돗바늘에 꿰어 프렌치 노트 스티치를 놓아 눈을 만들고, 흰색 털실을 그 둘레에 감아서 고정시킨 후 마무리한다.

72 돌고래
완성작 보기 ▶ 34쪽

실: 병태사
부재료: 돗바늘, 흰색과 검은색 털실

뜨는 방법
알아두기: '모아뜨기'는 '짧은뜨기 2코 모아뜨기'를 의미합니다.

몸통 (1개 만든다)
원형 1단: 사슬뜨기 3코. 첫 사슬에서 빼뜨기해서 고리를 만든다.
원형 2단: 짧은뜨기 3코
원형 3단: 짧은뜨기 3코
원형 4단: [1길 긴뜨기 4코] 2회, 짧은뜨기 (9코)
원형 5단: [짧은뜨기 2코, 다음 코에서 짧은뜨기 2코] 3회 (12코)
원형 6단: [짧은뜨기 5코, 다음 코에서 짧은뜨기 2코] 2회 (14코)
원형 7단: 모두 짧은뜨기 (14코)
원형 8단: 모두 짧은뜨기 (14코)
원형 9단: [짧은뜨기 5코, 모아뜨기] 2회 (12코)
원형 10단: 모두 짧은뜨기 (12코)
원형 11단: [짧은뜨기 4코, 모아뜨기] 2회 (10코)
원형 12단: 모두 짧은뜨기 (10코)
원형 13단: [짧은뜨기 3코, 모아뜨기] 2회 (8코)
원형 14단: 모두 짧은뜨기 (8코)
원형 15단: [모아뜨기, 짧은뜨기 2코] 2회 (6코)
원형 16단: 모두 짧은뜨기 (6코)
원형 17단: [모아뜨기, 짧은뜨기] 2회 (4코)
원형 18단: 빼뜨기 2코, 마무리한다. (불완전한 단)

등지느러미 (1개 만든다)
1단: 사슬뜨기 4코
2단: 바늘에서 두 번째 사슬부터 시작하여 빼뜨기, 짧은뜨기, 1길 긴뜨기.
마무리한다.

옆과 꼬리지느러미 (4개 만든다)
1단: 사슬뜨기 5코
2단: 바늘에서 두 번째 사슬부터 시작하여 빼뜨기, 짧은뜨기, 1길 긴뜨기, 짧은뜨기. 마무리한다.

붙이기
돗바늘을 사용하여 꼬리와 지느러미 들을 제자리에 꿰매어 붙인다. 검은색 털실로 프렌치 노트 스티치를 놓아 눈을 만들고 흰색 털실을 둘러서 강조한다.

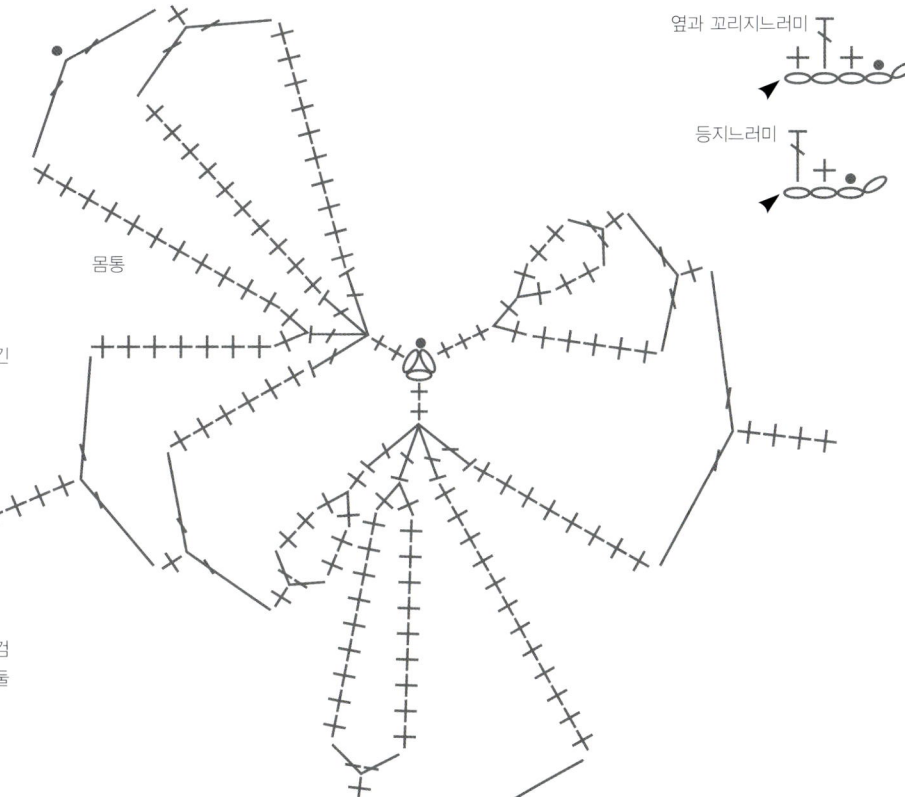

73 아기코끼리문어
완성작 보기 ▶ 37쪽

실: 병태사
부재료: 돗바늘, 아이보리색과 갈색 자수용 실

뜨는 방법

몸통
원형코뜨기를 한다.
원형 1단: 고리에서 짧은뜨기 6코
원형 2단: 각 코마다 짧은뜨기 2코 (12코)
원형 3단: [다음 3코에서 짧은뜨기, 다음 코에서 짧은뜨기 2코] 3회 (15코)
원형 4단: 모두 짧은뜨기 (15코)
원형 5단: 모두 짧은뜨기 (15코)
원형 6단: [다음 2코에서 짧은뜨기, 다음 코에서 짧은뜨기 2코] 5회 (20코)
원형 7단: [다음 4코에서 짧은뜨기, 다음 코에서 짧은뜨기 2코] 4회 (24코)
원형 8단: 모두 짧은뜨기 (24코). 다음 2코에서 각각 빼뜨기
원형 9단: [사슬뜨기 3코, 바늘에서 두 번째 사슬부터 시작하여 다음 2개의 사슬에서 빼뜨기. 그런 다음 8단에 있는 다음 3코에서 각각 빼뜨기] 8회 (다리 8개 완성). 마무리한다.

붙이기
4단에서 코 1개를 주워서 사슬뜨기 7코를 한 후, 주웠던 코에서 빼뜨기를 한다. 이렇게 하면 몸통 양옆에 작은 날개를 만들 수 있다. 두 번째 날개도 같은 4단에서 6코 건너뛰어서 마찬가지 방법으로 만든다. 그런 다음, 돗바늘에 털실을 꿰어서 프렌치 노트 스티치를 두 번 놓아 눈을 붙일 부분을 만든다. 그 위에 갈색 자수용 실을 꿴 돗바늘로 프렌치 노트 스티치를 놓아 눈동자를 만들고 아이보리색 실로 감아준다. 한두 땀 떠서 고정시킨 다음 마무리한다.

74 빗살해파리
완성작 보기 ▶ 37쪽

실: 병태사
부재료: 돗바늘, 야광 자수용 실

뜨는 방법

원형코뜨기를 한다.
원형 1단: 사슬뜨기 1코, 고리에서 짧은뜨기 6코
원형 2단: [다음 코에서 짧은뜨기 2코] 6회 (12코)
원형 3단: [짧은뜨기, 다음 코에서 짧은뜨기 2코, 다음 코에서 짧은뜨기 2코] 4회 (20코)
원형 4단: 빼뜨기 2코, 마무리한다. (불완전한 단)

붙이기
돗바늘과 야광 실을 사용하여 몸통의 가운데를 따라 오픈 체인 스티치를 1줄 놓는다. 그런 다음 이 줄 양옆으로 몸통 가장자리를 따라 체인 스티치를 2줄 놓는다. 같은 야광 실 두 가닥을 가운데 줄 끝 부분에 붙인 후, 실 끝이 풀리지 않게 매듭을 묶어준다.

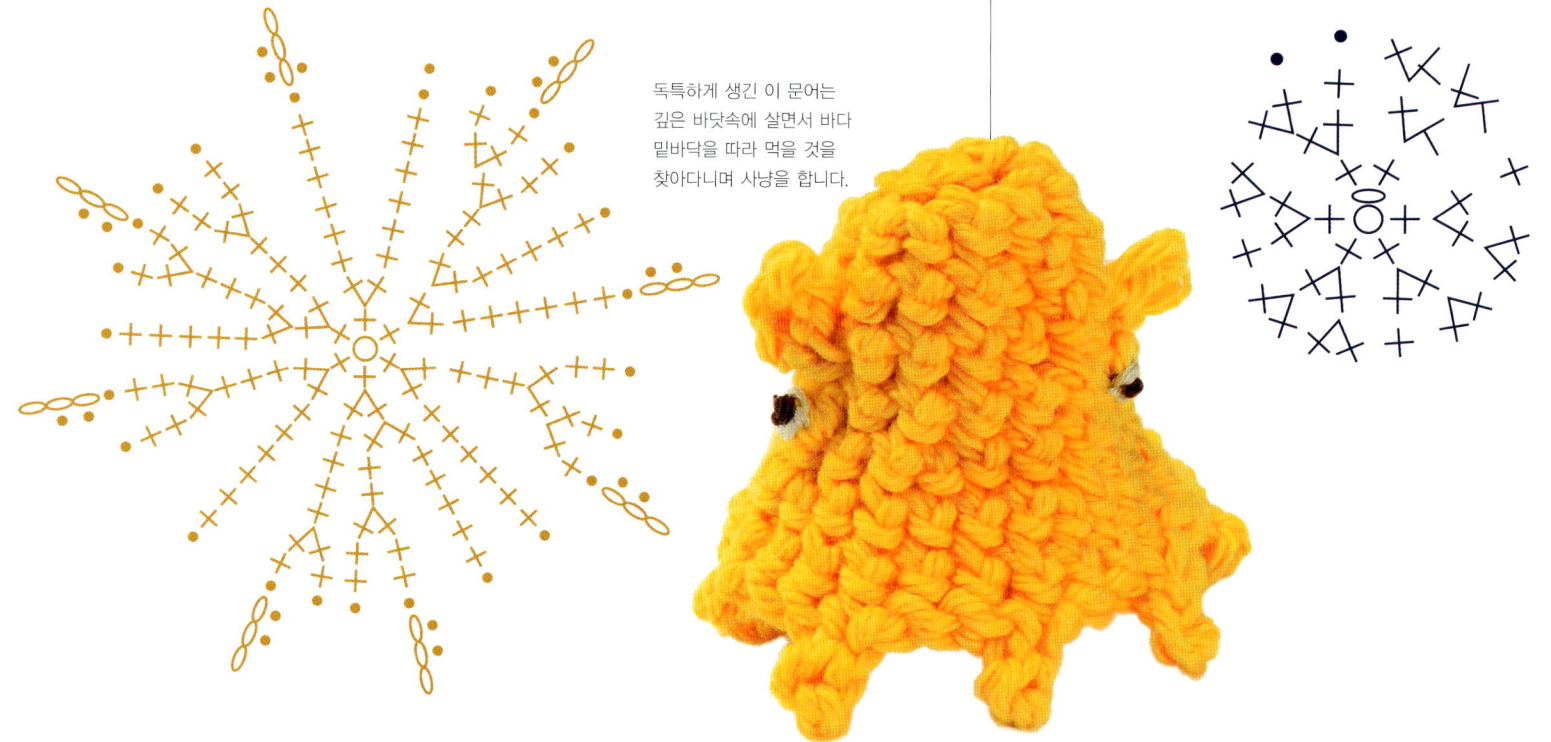

독특하게 생긴 이 문어는 깊은 바닷속에 살면서 바다 밑바닥을 따라 먹을 것을 찾아다니며 사냥을 합니다.

75 야광해파리
완성작 보기 ▶ 36쪽

실: 병태사
부재료: 돗바늘, 야광 자수용 실

뜨는 방법
원형코뜨기를 한다.
원형 1단: 고리에서 짧은뜨기 6코
원형 2단: [다음 코에서 짧은뜨기 2코] 6회 (12코)
원형 3단: [짧은뜨기, 다음 코에서 짧은뜨기 2코] 6회 (18코)
원형 4단: [짧은뜨기, 다음 코에서 짧은뜨기 2코] 0회 (?코)
원형 5단: [짧은뜨기 2코, 다음 코에서 짧은뜨기 2코] 9회 (36코)
원형 6단: 모두 짧은뜨기 (36코)
원형 7단: 모두 짧은뜨기 (36코)
원형 8단: 빼뜨기 2코. 마무리한다. (불완전한 단)

붙이기
돗바늘에 야광 실을 꿰어서 해파리의 갓 위에서 아래로 체인 스티치 6줄을 놓는다. 각 줄마다 갓의 가장자리에 10~13cm 길이로 실을 남기고 실 끝이 풀리지 않게 여러 번 매듭을 묶는다. 20~25cm 길이로 야광 실을 6가닥 잘라서 반으로 접어 체인 스티치 사이사이에 묶어서 매단다. 이 실들도 올이 풀리지 않게 여러 번 매듭을 지어 해파리의 촉수를 완성한다.

빗살해파리라고 불리는 이 해파리는 발광성 해파리인데, 어떤 이유로 빛을 내는지는 알려져 있지 않다.

해파리 중에는 빗살해파리와 마찬가지로 빛을 내는 발광성 해파리가 다양하게 존재합니다. 여기서는 야광 자수용 실을 이용하여 해파리의 발광 효과를 표현합니다.

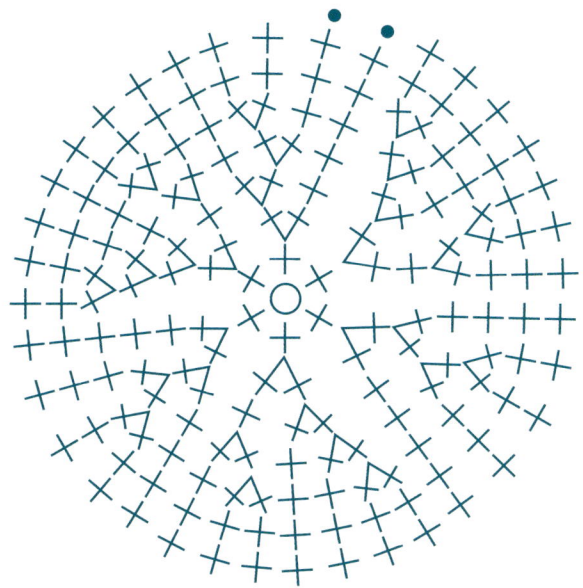

76 심해아귀

완성작 보기 ▶ 36쪽

실: 병태사 상록색
부재료: 병태사 라임색, 검은색 펠트, 돗바늘, 바느질용 바늘, 검은색 실, 흰색 레이스 장식, 플라스틱 인형 눈, 트위스트 끈 또는 꽃다발 묶는 철사

뜨는 방법

알아두기: '모아뜨기'는 '짧은뜨기 2코 모아뜨기'를 의미합니다.

몸통

원형코뜨기를 한다.

원형 1단: 고리에서 짧은뜨기 6코
원형 2단: 각 코마다 짧은뜨기 2코 (12코)
원형 3단: [다음 코에서 짧은뜨기 2코, 다음 코에서 짧은뜨기] 6회 (18코)
원형 4단: [다음 2코에서 짧은뜨기, 다음 코에서 짧은뜨기 2코] 6회 (24코)
원형 5단: [다음 코에서 짧은뜨기 2코, 다음 3코에서 쌃은뜨기] 6회 (30코)
원형 6단: 모두 짧은뜨기 (30코)
원형 7단: 모두 짧은뜨기 (30코)
원형 8단: 이전 단의 15코를 건너뛰면서 사슬뜨기 15코, 짧은뜨기 15코 (30코)
원형 9단: [모아뜨기, 다음 3코에서 짧은뜨기] 6회 (24코)
원형 10단: [다음 2코에서 짧은뜨기, 모아뜨기] 6회 (18코)
원형 11단: [모아뜨기, 짧은뜨기] 6회 (12코)
원형 12단: 모아뜨기 6회 (6코)

원형 13단: 모아뜨기 3회 (3코)
이제 끈이나 철사를 넣는데, 약 1.5cm 정도는 몸통 안에 남겨두고 그 둘레를 따라 코바늘뜨기 한다.
원형 14~23단: 모두 짧은뜨기 (3코) (총 10단)
원형 24단: 각 코마다 짧은뜨기 2코 (6코)
원형 25단: 빼뜨기. 마무리한다.

꼬리지느러미

1단: 사슬뜨기 5코
2단: 바늘에서 두 번째 사슬부터 시작하여, 코마다 각각 짧은뜨기 (4코)
3단: 사슬뜨기 1코, 바늘에서 두 번째 사슬부터 시작하여, 코마다 각각 짧은뜨기 (4코)
4단: 사슬뜨기 1코, 바늘에서 두 번째 사슬부터 시작하여, 코마다 각각 짧은뜨기 2코 (8코). 마무리한다.

옆지느러미 (2개 만든다)

1단: 사슬뜨기 3코
2단: 바늘에서 두 번째 사슬부터 시작하여, 코마다 각각 짧은뜨기 (2코)
3단: 사슬뜨기 1코, 바늘에서 두 번째 사슬부터 시작하여, 코마다 각각 짧은뜨기 (2코). 마무리한다.

붙이기

라임색 털실을 손가락 하나에 20번 정도 감습니다. 손가락에 감은 실의 가운데 구멍으로 실 조각을 넣어 꼭 묶은 다음, 실 묶음 반대쪽을 잘라서 작은 방울술을 만들고 둥글게 다듬어준다. 묶고 남은 실은 아귀의 조명대 끝에 술을 꿰매어 달 때 사용한다. 상록색 실을 돗바늘에 꿰어 지느러미들을 몸통에 붙인다. 눈을 붙인다. 바느질용 바늘에 검은색 실을 꿰어 입 안쪽 가장자리를 따라 레이스를 단다. 검은색 펠트는 14×7.5cm 넓이로 두 장 오린 다음, 긴 가장자리를 입 안을 따라 배치한 후 레이스를 달 때처럼 꿰매어 붙여준다. 안쪽을 꿰매줄 필요는 없고, 남은 펠트는 몸통 안으로 집어넣어 속을 채우면 모양이 잡혀서 아귀의 모습이 완성된다.

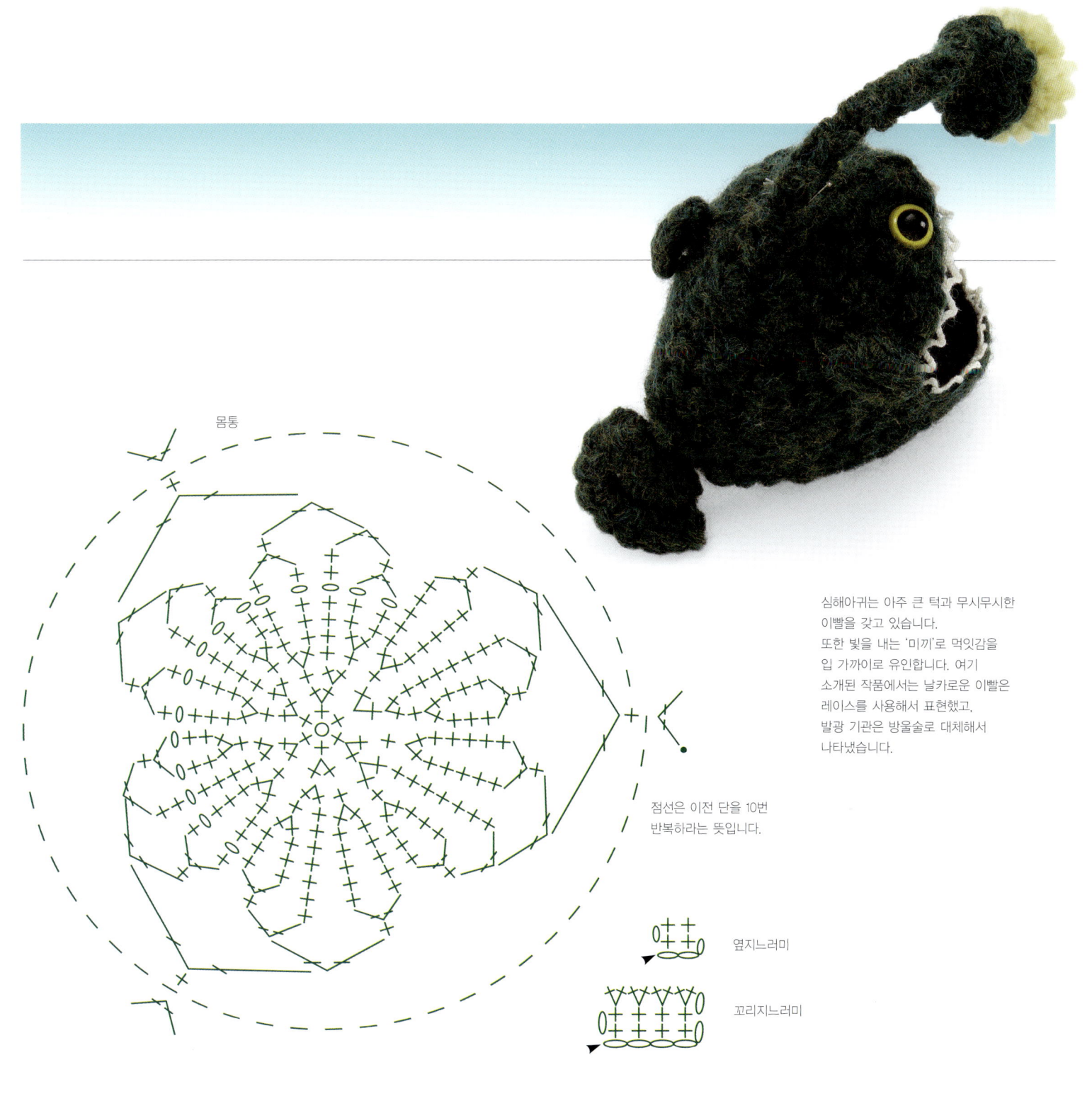

몸통

점선은 이전 단을 10번 반복하라는 뜻입니다.

심해아귀는 아주 큰 턱과 무시무시한 이빨을 갖고 있습니다.
또한 빛을 내는 '미끼'로 먹잇감을 입 가까이로 유인합니다. 여기 소개된 작품에서는 날카로운 이빨은 레이스를 사용해서 표현했고, 발광 기관은 방울술로 대체해서 나타냈습니다.

옆지느러미

꼬리지느러미

제4장 응용하기

여러분은 가장 마음에 드는 디자인을 어떻게 활용할 것인지 이미 생각해두었을 것입니다. 하지만 만약 아직 마음을 정하지 못했다면, 지금부터 몇 가지 방법을 제안해드리겠습니다.
이 작품들로 옷이나 기타 일상생활 용품을 장식하여 생기발랄한 분위기를 연출할 수도 있고, 아니면 장식하는 즐거움 자체를 만끽할 수도 있답니다.

작품 01 | 산호 쿠션

밋밋한 쿠션에 컬러스트레아 폴립과 불리온산호를 붙여 보세요.
이것만으로도 여러분 가정의 인테리어에 새로운 색채와 질감이 더해집니다.
또 어울리는 색상으로 작은 방울술을 만들어 보기 좋게 배치하면
금상첨화겠지요.

작품 02 | 심해 수족관

예쁜 유리그릇이나 유리병, 유리상자를 준비합니다. 바닥에는 자갈을 깔고 뒤에는 천이나 종이로 만든 배경을 넣으세요. 그런 다음 아기코끼리문어와 아기돼지오징어, 뱀장어, 심해아귀, 관벌레를 안에 넣으면, 약간은 으스스한 느낌이 나는 깊은 바닷속 풍경이 연출됩니다.

물고기 목걸이 | 117

작품 03 | **물고기 목걸이**

자수용 실에 작은 물고기와 포니비즈를 꿰어주세요. 끝 부분에 금속 여밈을 달아도 되고, 아니면 원하는 길이로 맞춰서 목 뒤에서 간단히 묶어주기만 해도 됩니다.

해초 스카프 119

작품 04 | **해초 스카프**

다양한 크기와 질감의 해초들을 원하는 대로 모아서 바느질하거나 코바늘로 이어 붙이면 드라마틱한 스카프를 만들 수 있습니다.

작품 05 | **조가비 장식 밀짚모자**

평범한 밀짚모자에 화사한 리본을 두른 다음, 한쪽에는 예쁜 조가비들을 모아 바느질로 달아줍니다.

작품 07 | 바다석류 코사지

한눈에 들어오는 바다석류를 스웨터나 재킷, 드레스에 달아서 화사한 분위기를 만들어보세요. 바다석류 디자인 뒤에 단 코사지는 옷과도 잘 어울린답니다.

찾아보기

ㄱ
가리비_22
　뜨는 방법_44
가시복_32
　뜨는 방법_97
가오리_27
　뜨는 방법_83
갑오징어_26
　뜨는 방법_54~55
갯민숭달팽이_25
　뜨는 방법_48
거미불가사리_24
　뜨는 방법_45
기품산호_31
　뜨는 방법_92
고동 껍데기_26
　뜨는 방법_53
관벌레_37
　뜨는 방법_75
구형 잠수기_35
　뜨는 방법_102
귀상어_35
　뜨는 방법_104
긴코 호크피시_27
　뜨는 방법_50
꼬마놀래기_32
　뜨는 방법_67

ㄴ
네레오키스티스_28
　뜨는 방법_62
농게_23
　뜨는 방법_42~43

ㄷ
뇌석산호_32
　뜨는 방법_96

ㄷ
다시마_28
　뜨는 방법_58~59
대바늘뜨기 뇌석산호_30
　뜨는 방법_63
대바늘뜨기 단순한 말미잘_27
　뜨는 방법_52
대바늘뜨기 화려한 말미잘_27
　뜨는 방법_52
대왕오징어_35
　뜨는 방법_71
돌고래_34
　뜨는 방법_105
따개비_24
　뜨는 방법_47

ㅁ
망둥이_31
　뜨는 방법_89
물고기 떼_35
　뜨는 방법_71
물고기 목걸이_116~117
미스터리놀래기_33
　뜨는 방법_67

ㅂ
바다거북_34
　뜨는 방법_70

바다석류_22
　뜨는 방법_78
바다석류 코사지_124~125
바다이끼_24
　뜨는 방법_82
바이컬러 블레니_24
　뜨는 방법_49
백상아리_34
　뜨는 방법_68
뱀장어_36
　뜨는 방법_73
버튼폴립_28
　뜨는 방법_59
보라감마_30
　뜨는 방법_91
분홍산호_31
　뜨는 방법_93
불리온산호_32
　뜨는 방법_98
블래더랙_29
　뜨는 방법_62
빗살해파리_37
　뜨는 방법_106~107
빨강불가사리_25
　뜨는 방법_46
빨강산호_33
　뜨는 방법_66

ㅅ
산호 쿠션_112~113
산호섬 모빌_122~123
삿갓말_29
　뜨는 방법_84

새우_33
　뜨는 방법_101
성게 껍데기_22
　뜨는 방법_79
소라게_22
　뜨는 방법_77
수놓은 청자고둥_23
　뜨는 방법_41
실꾸리고둥_25
　뜨는 방법_46
심해아귀_36
　뜨는 방법_108~109
심해 수족관_114~115

ㅇ
아기돼지오징어_37
　뜨는 방법_72
아기코끼리문어_37
　뜨는 방법_106
앵무고기_33
　뜨는 방법_99
야광해파리_36
　뜨는 방법_107
어릿광대망둥이_31
　뜨는 방법_64
에인절피시_26
　뜨는 방법_57
연잎성게_22
　뜨는 방법_76
염수새우_24
　뜨는 방법_45
예티 크랩_37
　뜨는 방법_74~75

ㅈ

작은 구멍쇠미역_29
　뜨는 방법_60
조가비 장식 밀짚모자_120~121
줄무늬 다트피시_26
　뜨는 방법_51
줄무늬 청자고둥_23
　뜨는 방법_41
쥐치_32
　뜨는 방법_100

ㅊ

청어_28
　뜨는 방법_85

ㅋ

컬러스트레아 폴립_31
　뜨는 방법_87
코바늘뜨기 말미잘_25
　뜨는 방법_81
큰 구멍쇠미역_29
　뜨는 방법_61

ㅍ

파랑줄무늬 그루퍼_33
　뜨는 방법_95
파랑불가사리_25
　뜨는 방법_80
파랑자리돔_31
　뜨는 방법_88
페어아일 문양의 청자고둥_23
　뜨는 방법_40
폴립산호_30
　뜨는 방법_90
피그미문어_28~29
　뜨는 방법_86

ㅎ

해마_31
　뜨는 방법_94
해초_29
　뜨는 방법_58
해초 스카프_118~119
해파리_27
　뜨는 방법_56
향유고래_34
　뜨는 방법_103
흰긴수염고래_35
　뜨는 방법_69
흰동가리_30
　뜨는 방법_65

지은이 및 옮긴이

지은이 : 제시카 폴카
샌프란시스코에서 손뜨개와 자수 디자인을 하고 있습니다. 블로그 Wunderkammer(jpolka.blogspot.com)를 운영하고 있으며, 전 세계적으로 많은 갤러리와 매장에서 작품이 소개된 바 있습니다.

옮긴이 : 김수진
이화여자대학교와 한국외국어대학교 통번역대학원을 졸업한 후 공공기관에서 통번역 활동을 해왔습니다. 현재 번역에이전시 엔터스코리아에서 전문번역가로 활동 중입니다.
주요 역서로는 《왜 그런지 알려주세요》《부모와 아이들》《우리 아이가 거짓말을 시작했어요》《걸인과 부랑자》《두려워 말라, 너는 내 사람》 등이 있습니다.

손뜨개에 대해 더 알고 싶으세요?

- **한국손뜨개협회**(www.khka.org)에서는 알아두면 유익한 손뜨개 관련 정보와 기초 뜨개법에 대해 소개하고 있습니다. 또한 자체적으로 운영하는 교육 과정과 손뜨개 관련 자격증인 편물기술자격시험, 편물강사자격시험에 대해서 안내하고 있습니다.

- **손뜨개 관련 인터넷 카페**에 가입하면 손뜨개에 대한 정보를 나누고 서로의 작품을 감상할 수 있습니다. 또한 손뜨개 용품 쇼핑몰에서는 손뜨개에서 필요한 재료와 다양한 뜨개실에 대해 보다 상세한 정보를 얻을 수 있습니다.
  _ 네이버 카페 Knitting
   http://cafe.naver.com/enjoyknit

- 처음 손뜨개를 시작하는 초보자라면 직접 손뜨개를 배울 수 있는 곳을 찾아보세요. 뜨개용품을 파는 뜨개방에서 간단한 뜨개법을 배울 수 있으며, 지역 문화센터에도 손뜨개 강좌가 마련되어 있습니다.